我不干了！

文豪的50种辞职信写作法

木火　著绘

广东旅游出版社
GUANGDONG TRAVEL & TOURISM PRESS
悦读书·悦旅行·悦享人生

图书在版编目（CIP）数据

我不干了！文豪的50种辞职信写作法 / 木火著绘. — 广州：广东旅游出版社，2021.9

ISBN 978-7-5570-2543-4

Ⅰ. ①我… Ⅱ. ①木… Ⅲ. ①应用文－写作－方法 Ⅳ. ①H052

中国版本图书馆CIP数据核字(2021)第163144号

出 版 人：刘志松
责任编辑：龚文豪
封面设计：木　火
责任校对：李瑞苑
责任技编：冼志良

我不干了！文豪的50种辞职信写作法
Wo Buganle！Wenhao De 50 Zhong Cizhixin Xiezuofa

广东旅游出版社出版发行
（广州市荔湾区沙面北街71号首层、二层）
邮编：510130
联系电话：020-87347732、020-87348243
印刷：北京金特印刷有限责任公司
联系电话：010-68632886
（北京市石景山区鲁谷路74号）
开本：880 毫米 ×1230 毫米　32 开
字数：82 千字
印张：8
版次：2021 年 9 月第 1 版第 1 次印刷
定价：48.00 元

　　本书旨在以辞职信的形式体现各种文学和艺术流派的特点，并向名著名作致敬，如有雷同，并非巧合，实为戏仿。

假如你不愿意，尽可呈请辞职。

——莎士比亚《一报还一报》

致读者的一封信

不再有手写书信这种东西了。这是 2019 年秋，俄罗斯三大诗人书信集付梓那天，作为编辑的我正在着手写一封辞职信时想到的——那种源自内心、付诸笔端的手写书信不再有了——想到这件事造成的沉郁的心情只持续了几秒钟，旋即被一声暗笑打破——也许只有辞职信了——我拿着中性笔对着一张空白 A4 打印纸，这样想。

可是，即使承担着"世界上最后的手写书信"这样沉重、肃穆的大任和使命，除了"本人因个人原因辞去某某职务"的惯例体，辞职信又能有什么写法呢？我对着窗外的萧萧黄叶叹了一口气。

这就是这本书想法起源的场景。假如这是电影镜头，一定会有一道亮光从窗外倏然划过，定格在主人公面前，顿时，作者仿佛得到天启，奋笔疾书，一封旷世辞职信便横空出世。可是，现实里常常没有光，我只好拿着那支出水不畅的中性笔对着那张空白 A4 纸发了两个月的呆。

日子一天天过去，直到一本叫作《大仿写》的日本书点亮了我的灵感。在那本书里，日本作家用模仿古今中外各大文豪风格的方法写一件不值一提的区区小事，颇有点法国作家雷蒙名作《风格练习》的意思，让我大开眼界。

彼时，对于绘画和写作我已筹谋多年。从那天起，就像匡衡终于拿到了那支凿壁专用小木棍，我便开始了这场模仿各大文豪和艺术家的借光之旅，虽然有点冒失，但同时我也想到这种艺术实践对每个实践者和开拓者来说在相当程度上都是有意义的，因为横亘在我们追求的艺术理想之前的道路上的所谓风格或者表现手法领域永远都是一个无限广大、无限精微、永无止境的探索空间。每颗追求艺术、追求美、追求真理的年轻的、勇于进取的心都要在这片虚无的空间中摸索并找到属于自己的那根金羽毛，鉴于此，我们也都有必要从前辈艺术家的闪闪发光的空中阶梯中不断学习、寻迹而行，修其漫漫长路。那条路在陀思妥耶夫斯基的笔下叫作"一百万的四次方公里"，也许，这条路是每个人迟早都要走的。经过不断的新写，毁弃，重写，几经修改，两年后，这本匪夷所思（对国内读者来说史无前例）的书终于诞生了，虽仍存在不足之处，但在这本书里也确实真诚地分享了一个在路上的人对文学和艺术的一点粗浅的心得和体会，希望它能对同道之亲爱的读者您有用。

又及：伟大的文学家和艺术家和他们的作品常被比喻成光源，因为他们本身就是永恒的，当然不需要这样一本小书为他们的光芒增色，但鉴于伟大的作品常常同时也具有卷帙浩繁和讳莫如深的特点，本书能做到的仅仅是以辞职信的单一形式和短小篇幅管窥一斑，向巨人们的光芒致敬，并向生活在辛勤工作中、无暇、无精力阅读巨著的读者们打开一道颇具现实感的小小裂缝，让光照进来。除了借光照亮，在每一篇辞职信的正文中，我也极力地增加一点幽默成分（用在辞职信中，当然属于黑色幽默了），希望您能喜欢。最后我还想说，如果您有时间，一定要打开原著，欣赏原画，从中吸收更多的能量。我们都在路上，共勉～

木火

目录

绘本

几米

style

告辞

老板：
　　有时候
　　我感觉
　　上班，就像
　　与一只
　　巨大的怪兽搏斗

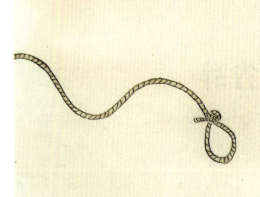

2

第一年

第二年

第三年

第四年

告辞

✉ 原作概要

几米（1958—），中国台湾绘本作家。作品多采用钢笔水彩风格，钢笔线条简洁明快，水彩渲染清淡绚丽。在作品组织形式上将插画与简洁的文字相搭配，时而浪漫，时而幽默，时而意味深长。

✉ 技巧与心得

这封辞职信模仿了几米的风格，使用斑马 G 尖蘸水钢笔、防水墨水、史明克固体水彩、获多福190g细纹水彩纸等工具。在形式上以图画配合短句，用四季的变化映衬上班四年的心理感受，参考了《我的心中每天开出一朵花》。

漫画

高木直子

style

第一次辞职

 **辞职信**

亲爱的老板：

　　您不会觉得惊讶吧，收辞职信对您而言一定已经习以为常了吧。但对于我来说，这可是第一次呀！

　　人的一生有许多第一次：第一次上学，第一次熬夜，第一次吃麦当劳，第一次喝醉，第一次写情书，第一次牵手……

　　这是我第一次辞职，很开心能与您分享！

还记得三年前，刚离开校园，
我买了第一件职业装……

说起来，这也是一种缘分，我第一次面试就是在您的公司……

之后，我又面试了许多别的公司……

颤抖中……

漫长的等待之后，终于等来了心心念念的电话……

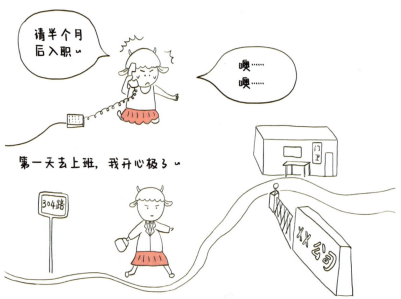

第一天去上班，我开心极了~

还记得第一次坐在属于自己的座位上，可根本不知道要干什么……

悲惨的职场生活就从那一天开始了。
那天我没有录完，于是把工作拿回家……很晚才睡觉……

 第二天早上……

我第一次感受到——不想起床~

今天又要上班!

日子慢慢过去……

而这，竟然成了我日后生活的常态~

而今，三年过去了，在职业方面，我终于进步了很多……

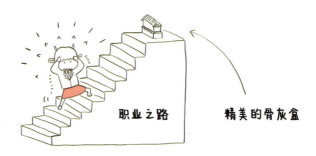

职业之路

精美的骨灰盒

所幸走到了今天……

虽然掉了不少头发……

耶！

这是我第一次掉
这么多头发……

老板，人生有许多第一次：第一次上学，第一次熬夜，
第一次掉头发……
现在正在和您分享的是我第一次辞职ゝ

请开心一点呀！

总是有第一次的ゝ

✉原作概要

　　高木直子（1974—），日本漫画家。其作品是一种带有插图随笔特点的漫画绘本，多采用简洁到类似小孩信手涂鸦的线条和简单的色彩来表现内容，文字语调轻快、轻松幽默、富有感情，内容上多描写一些生活中细碎的小事。

✉技巧与心得

　　这封模仿其风格的辞职信的插图使用 PS 软件绘制，语言上采用高木直子独有的轻松幽默的风格，参考了《第一次一个人旅行》等作品。

现代小说

奥尔罕·帕慕克

style

我是一封辞职信

 **辞职信**

亲爱的朋友：

　　你好，写我的那个家伙称呼你老板，不过我可不吃这一套，我不是那个蠢货，只是一封辞职信。想必你看得出来，我的身子既洁白又纤薄，上面装点着歪歪扭扭的象形文字。我知道这让我看起来有点傻，不过我很满意。记得上一辈子当我是另一封辞职信时，一个老板读过我，痛苦地大哭三天三夜，差点连脑浆都哭出来。

　　算了，还是不说上辈子，大多数人都忘记了这回事，人总是善于忘记，这说明人类的大脑根本比不上我，因为想必你们还要说："一封辞职信怎么还会自己说话呢？"然而，另一方面，人类又经常对死人说话、狗说话、猫说话的故事啧啧称奇。辞职信当然会说话，不过只对能听懂的人说。

　　我身上写着"申请辞去现任职务"，不过请撇开那些陈词滥调，我要告诉你的是一个更加离奇的故事。

一封辞职信讲的关于魔鬼和风格的故事

　　很久很久以前，在一个很远很远的地方，一名苦修者将一封辞职信（那时的我）提交给老板后离开了那座城市并踏上旅程，他想要寻找一个不再让他流泪的地方。他走啊走，经过无数的城市，壮丽景致，如云美女没有让他稍做止歇；经过无数的荒野和沙漠，雨打玫瑰、风吹芦苇也都没有使他停下脚步。有一天，他在一棵枣树下休息，企望从褡裢里摸一块干面包充饥时，却意外摸到了那封辞职信。而这封信正是当初他交给老板的那封。正当他为这隔空传物的奇迹感到惊异时，撒旦出现了。"没有风格。"撒旦说。当时正值阿拉伯王国第三位哈里发君王在世的年代，"风格"这种源自法兰克人的新奇发明还没有出现，苦修者不知所云。"最先说'我'的人是我，风格也是我。"撒旦接着说，"而没有风格就不会有人喜欢。"听了这话，苦修者想起那些年他读过的所有辞职信，渐渐明白了在辞职信的审读者眼里，重要的不是思想而是思想的形式。"什么是'风格'？"他问撒旦。"'残缺'即'风格'。"撒旦回答，"这就是为什么世界上最伟大的辞职信没有风格。"苦修者恍然大悟，他突然明白了他所写的这封辞职信并不是写给真主，而是写给老板，刹那间他即决定领受撒旦这一珍贵的礼物，并当即将这封辞职信重写寄出。

相传，那位老板读过这封辞职信后将它传遍公司每个部门的每个角落，坚持要所有人都读一读。最后，公司所有人都读过了，甚至连扫帚都读了五遍。而读过的每个人也都为其深入的情感表达感动，为其独特的表达方式啧啧称奇。

✉ 原作概要

奥尔罕·帕慕克（1952—　），土耳其当代最著名的作家。代表作《我的名字叫红》是一部由 59 个第一人称叙事的章节组成的叙事鸿篇，其语言通俗晓畅，亦庄亦谐。

✉ 技巧与心得

这封辞职信主要模仿了《我的名字叫红》中以非生命物体进行的多角度第一人称叙事和故事嵌套等现代小说写作方法。

连环漫画

卜劳恩

style

老板与职员

✉ 原作概要

卜劳恩（1903—1944），德国幽默连环画大师。《父与子》是其最知名的作品。其作品的特点是无字或少字，只以图画来表现连续的场景和情节，天真幽默，童趣盎然。

✉ 技巧与心得

这封辞职信采用了卜劳恩的连环漫画形式，使用 procreate 软件绘画，按照其常用的从左到右，从上到下的顺序设计分镜，形象参考了《父与子》中的老爹和他淘气的儿子。

杂文

老舍

style

辞职须知十则

 **辞职信**

尊敬的老板：

《辞职须知十则》一文摘录如下：

（一）职场上宜刚正不阿，藐视权威。

（二）倘逆心背意，宜当场走人。

（三）交接事务均宜事后补办。

（四）辞职理由宜天马行空，随意胡扯。

（五）路遇老板应报之以冷眼，辅之以怒吼："滚！"动手视客观情况而定。

（六）打包个人用品时，宜随身带走公司财物。

（七）搬离个人物品宜当众进行，并伴之以大笑，笑声应不低于45分贝，时长应在一刻钟到半点钟为宜，以使同事怀疑人生。

（八）电脑解锁密码切不可告诉他人。与工作有关资料数据务必清除干净，使之达到无法恢复之程度。

（九）辞职信事后补写即可，须独出新意，忌循规蹈矩。

（十）务必幽默，不可直抒胸臆。

在下擅离岗位三日，忽寄此信，老板明察，定知本人已遵《辞职须知十则》行事。望批准。

此致，
敬礼。

✉ 原作概要

老舍（1899—1966），中国现代文学家、小说家、戏剧家、语言艺术大师。在杂文方面，老舍先生常使用带有京味特点的语言进行创作，平易朴实、明白晓畅、活泼幽默，自成一体。

✉ 技巧与心得

这封辞职信以杂文《话剧观众须知二十则》为蓝本，采用了反语、夸张、戏谑等修辞手法。

超验主义

梭罗

style

来自喀纳斯湖
的辞信

 **辞职信**

老板：

　　没有接到您的来电，很抱歉。现在我什么电话也接不到，上个星期我把手机丢进喀纳斯湖里去了。

　　抱歉，当我写下这封回信的时候，已经不辞而别三个星期，正独自生活在新疆维吾尔自治区阿勒泰地区布尔津县喀纳斯湖旁森林中一所自己盖的小木屋里，周围一公里之内没有邻居，完全依靠劳动养活自己。我在这里生活了三个星期，目前，已经是文明的职场生活的过客。

　　我在这个星球上生活了三十年，在您的公司工作了三年。这三年里，我把我所有激情都投入到工作中去，尽心尽力完成每一项任务。可是在您看来，其中的绝大部分都太理想化，不符合现实，所以，正如在作家身上常有的那样，我辛苦三年的回报就只是自己的劳动而已。然而对我自己来说，在工作这件事上，我的辛苦本身就是回报。

　　三年里，除了作为一个劳动力而逐渐失去价值和意义，我感到即使自己做出最大的努力，也无法在工作中和他人保持高尚的关系。我怀着惊讶的心情目睹着同事们即使徒劳，也要为了一点小小的利益尔虞我诈，倾轧践踏。作为同在职场中摸爬滚打的兄弟姐妹，我悲哀地看到他们即使不相亲相爱，却也无法避免不互相算计的事实，这让我无法忍受。我不知道该怎么结束这种生活。

直到——三个星期之前的一个傍晚，我从一位流浪老人口里听说喀纳斯湖。它重新燃起我生活的希望。

我走了，来到森林里，没来得及跟您告别，请不要生气。让我与您分享一下我三个星期以来的幸福。

来到这片森林里，我盖了一间木屋。我从网上采购了三百块木板、两块带玻璃的旧窗、一千块砖头、两桶石灰、毛毡、钉子、活页、门闩、粉笔。快递员把东西给我送到森林里，感谢上帝，真是令人感动。石头和沙子是我从湖边挖的，已经向当地林业部门打好招呼。我统计了一下，盖这座房子总共花费了三千四百八十六块人民币。

昨天晚上，我已经在小木屋过了一夜，睡得很好，也想了很多。我想到，其实每个人都是建筑师，即使他不盖房子，他的身体也是他的圣殿，在里面，他用完全是自己的方式来崇敬他的神。即使他去盖房子，还是有自己的圣殿和尊神的。

今天早晨醒来，从小木屋走出来，面朝湖泊，看到无数野花竞相开放，这是一个愉快的邀请，使得我的生活跟大自然融为一体，变得同样简单，再也没有职场上的钩心斗角，或许我可以说，我已经变得跟大自然同样纯洁无瑕。无须蝇营狗苟，也不必花费一生中最宝贵的时光赚钱，只是为了在不宝贵的时光里去享受可疑的自由；让生活变得简单，此时，仿佛宇宙的规则也变得简单起来，寂寞不成为寂寞，贫困不成为贫困。生活诗意而神圣，我度过的每一天都是我一生的缩影。

再见了，老板。我已经步入丛林，远离了职场的生活，希望从此我的生活开始变得有意义，希望我的生活变得深刻，希望能最大限度地汲取生命的精华，让我从中学习，以免让我在生命终结时发现自己从来都没有活过，在做过最大的努力让别人认为我是个正常人的过程中把自己变成一个傻瓜。

再见了，但并不是永别。我的木屋从来不上锁，欢迎您常来光顾。您时常说我们要勤于思想（考），是的，对于思想，我们要做加法；可是对于生活，我们是要做减法的。

✉ 原作概要

梭罗（1817—1862），美国作家、哲学家、超验主义（美国的一次重要的思想解放运动。其主要特点是主张一种只有通过直觉才能获取的、超越经验和理性的精神实体，认为人类世界的一切都是宇宙的缩影，倡导发展人的个人精神）代表人物。1845 年曾用两年时间隐居瓦尔登湖畔森林，自耕自食，体验简朴和接近自然的生活，并写出了著名的《瓦尔登湖》，成为超验主义的经典作品。

✉ 技巧与心得

这封辞职信以隐居伊始的梭罗的口吻，模仿《瓦尔登湖》的行文和风格，在内容上以平实的现实主义描写讲述野外生活，并结合梭罗式的哲学思考。

浪漫主义

拉马丁

style

职场孤独

 **辞职信**

老板：

    分别时刻让我回忆起往昔，

    夕阳西下的时候，我常常满怀着忧伤，

    漫不经心地在房间内放眼四望，

    职场从我脚下变幻出美妙无常的图画。

    而我却既不觉得入迷，也不感到激奋，

    面对它，我的心早已无动于衷。

    我出神地望着电脑，犹如四处漂泊的幽灵；

    空幻之饼再也激动不起即将辞职之人的心房。

朝六晚九，披星戴月，从办公室到车间，

我愁苦的目光空自彷徨。

我环顾这职场的四面八方，

不禁叹息：到处都没有幸福在等待我。

这些机器，那片楼宇，对我有什么意义？

啊，魅力在我心中早已荡然无存的空幻风光，

啊，虚无的升职旅程，

我一无所有，对它再也不存什么指望。

跟着它纵然能进行无止境的遨游，

可越过它的界限，自有另一片爱的天空照亮乐土。

也许，一旦我把辞职信留给职场，

我的眼前就会出现梦寐以求的幸福！

即使无法驾驭曙光飞向朦胧的天堂，

却再也无法忍受这汗水和泪水熔融的深渊，

就像秋天的黄叶，在命运的季节凋落，

朔风啊，狂暴的朔风，它将我卷走了！

✉ 原作概要

拉马丁（1790—1869），法国诗人，浪漫主义（产生于19世纪德国的文艺思潮，主要特点是反对古典主义，崇尚非理性，重视唯美，追求多变、破碎、诡谲等艺术特点）运动先驱，与同时代"恶魔派"诗人拜伦同享盛名。其诗歌语言朴素，节奏鲜明，长于抒情。

✉ 技巧与心得

这封辞职信采用了诗歌的形式，模仿拉马丁常在诗歌语言中表现的轻灵、飘逸、朦胧和凄凉的情感表达，参考《拉马丁诗选》。

立体主义

毕加索

style

辞职分解

老板：

再见。

✉原作概要

毕加索（1881—1973），西班牙艺术家，现代艺术的创始人，现代派绘画的主要代表，立体主义运动带头人。其立体主义画作的主要特点是多重视点交织，人物多为正面和侧面结合的双面人，多使用抽象的形式和几何元素构成画面。

✉技巧与心得

这封辞职信模仿了毕加索的风格，描绘辞职人递交辞职信的场景，使用 procreate 软件绘制，参考《拿小提琴的小丑》。

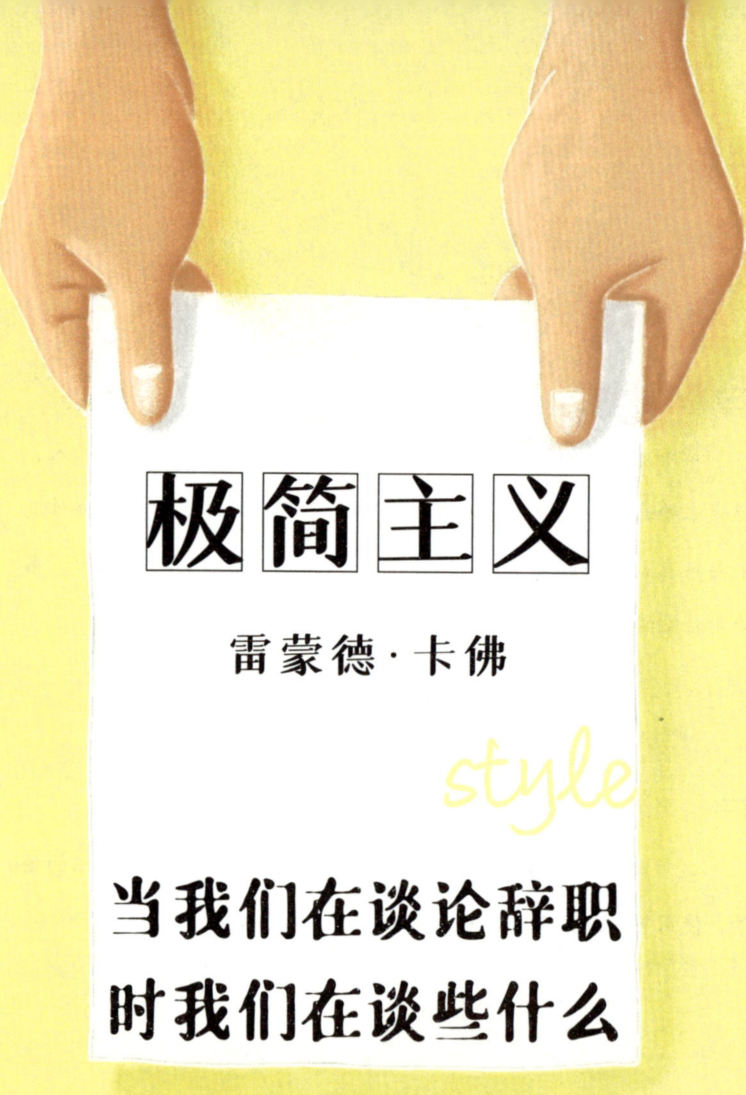
极简主义
雷蒙德·卡佛
style
当我们在谈论辞职
时我们在谈些什么

 **辞职信**

老板：

　　风暴来时无可阻挡。

　　先说一下，我写这封辞职信，是在小桶酒吧，就在工厂往东第二个巷口边上。

　　"还干着？"他说。

　　"干着。"

　　他坐在对面，喝伏特加，抽烟，不停说着辞职的事。阿诺德是这里的掌柜，有时候他的身份给了他这么说话的权利。下面是他给我讲的。

　　"那天下午变了天，街道上的雪正变成污水。天暗下来。车间里也越来越暗。"

　　我记性不好，我这么说，指的是我所经历过的许多事情、听过的谈话都忘掉了，有那么一些时间，我就是无法说清楚或者回想起来。我只能想起一些事，小事情，某个人以特殊方式说了什么话，某个人脸上悲哀或者困惑的表情，有时候我觉得让我生命发生剧变的，正是那样的细节。

一杯酒下肚，阿诺德继续说："现在的车间，机器，人，还是那样吧？有时候，喝第二杯伏特加的时候，我总是会想起那天飞扬的暴雪。"

他第一次提起辞职的事。

"他跑出去的时候，淌下的血把地上的雪染红。印刷机、装订线都好好的，模切机的声音也没变，说'我的指头没有了'时，我往那看，几个手指正卡在机器的凹槽里。"

我仿佛看到了那天的雪、窗户和背景前的模切机，那台机器我再熟悉不过。黑色，长五米四，宽四米二，三点七吨，我对它充满敬畏。

老板，我现在谈的是风暴，生命中的风暴。我那时候还不懂，可我就是那样才明白的，就像一阵风吹来，窗户啪地打开了，障眼布落下了，苏醒了，一道光照进来……不管怎么形容，在听到"机器吃手指头"之前，我一辈子都在想着——我不知道具体怎么想的——不管怎样，事情都会解决，我生活中希望拥有都会拥有，想去做的一切都可能实现。可是当时在小桶酒吧里，我意识到完全不是那样。我看着我的手指头，意识到——我以前都是怎么想的？——主要说来，我的生活庸庸碌碌、乱七八糟，没有多少光线照进来。当时我感觉——我知道——我要辞职了。

难道这就是听说了一个旧同事丢了手指头后该发生的？

第二天经理说我没说早上好，但那时候是晚上，当然不会。

我把打包好的瓦楞纸箱搬起来走了三步，转身，又走了三步，我只想再说一件事。但我想不起来是什么事了。

✉ 原作概要

雷蒙德·卡佛（1938—1988），美国短篇小说家、诗人，极简主义（开始于20世纪六七十年代的美国，也被称为"肮脏现实主义""新现实主义"）的创始人。其显著的特点是不确定性叙事，叙述远离事件主体，情节留白，内容常由类似电影镜头似的片段组成。卡佛是美国继海明威以来风格被模仿最多的小说家。

✉ 技巧与心得

这封辞职信模仿了卡佛的语言风格，如情节留白、多对话等特点，并使用了卡佛常用的开放式结尾，主要参考了《当我们谈论爱情时我们在谈些什么》《火》等。

后印象派

梵高

style

辞职印象

亲爱的老板：

在此别过。

✉ 原作概要

梵高（1853—1890），荷兰画家，后印象派代表人物。其绘画风格在继承印象派的基础上大胆创新，吸收东方绘画风格，画作色彩丰富，视觉冲击力强，装饰性强，富含寓意。

✉ 技巧与心得

这封辞职信模仿了梵高的绘画风格，使用温莎油画颜料、一般亚麻布绘制，以梵高自画像为模仿对象。

古典戏剧

莎士比亚

style

哈姆雷特辞职告白

 **辞职信**

老板：

　　关于我的辞职，请听一听哈姆雷特是怎么说的。

第三幕

第一场　老板办公室

老板、秘书上。

老板：听说哈姆雷特疯了？

秘书：是的，老板。

老板：不是因为丧父、母亲改嫁，也不是陷入了多愁善感的爱情，

　　　而是被上班逼疯了，真是这样吗？

秘书：老板，正是如此。哦，我听见他来了。

哈姆雷特上。

老板：听说哈姆雷特疯了？

秘书：是的，老板。

老板：不是因为丧父、母亲改嫁，也不是陷入了多愁善感的爱情，而是被上班逼疯了，真是这样吗？

秘书：老板，正是如此。哦，我听见他来了。

哈姆雷特：上班还是辞职，这是一个值得考虑的问题；默然忍受职场暴虐的毒箭，或是挺身反抗职场的无涯苦难，通过辞职把它们扫清，这两种行为，哪一种更高贵？辞职；不干了；什么都完了，可是那之后还要经历些什么呢？失业，无法缴纳房租，流离失所，迟迟没有收入，那不能不使我们踌躇顾虑。人们让心灵久居于患难之中，也是出于这个缘故，忍受伪善者的规劝、剥削者的横暴、压迫者的凌辱、傲慢者的冷眼、死板教条的束缚、小人的鄙视，要是他只要用一封辞职信，就可以清算他的职场生涯，谁愿意负着这样的重担，在劳烦的人造压迫之下呻吟流汗？倘若不是因为害怕不可知的辞职之后，惧怕未来，惧怕那前途未卜的神秘之旅，是它迷惑了我们的意志，使我们宁愿忍受目前的折磨，不敢向我们所不知道的痛苦飞去。这样，重重的顾虑使我们全变成了懦夫，决心的炽热的光彩，被犹豫的天性盖上了灰尘，即使命运在你的面前本来安排的伟大事业在这样一种疑慢之下，也会逆流而退，烟消云散。且慢，高傲的老板，谄媚的秘书，让你们看看我准备了什么吧。

秘书：哎哟，如果我没看错，那准是一封辞职信。

哈姆雷特：将它留给职场吧。各位，请听我说最后一句——再见！

✉ 原作概要

　　莎士比亚（1564—1616），文艺复兴时期英国著名诗人、戏剧家，一代文豪，西方文学史上最杰出的作家之一。其戏剧作品情节生动、语言精巧，在语言方面，不但极为广博、深刻、富于诗意、丰富多彩、富有个性化，还善于将哲理和抒情有机地结合在一起。这一特点在莎翁剧中以揭示人物内心世界的"独白"这一形式表现得最为淋漓尽致。

✉ 技巧与心得

　　这封辞职信模仿了戏剧独特的文本形式，在内容上模仿了《哈姆雷特》剧中对情节有重大影响的六次独白中第三幕第一场著名的"to be or not to be"（生存还是毁灭）独白。

未来主义

马里内蒂

style

辞职宣言

辞职信

老板：

　　我们——我和我的朋友——彻夜未眠，我们的思想就像日光一样熠熠闪亮，因为我们辞职的心在燃烧，如同灯丝放射出光芒。

　　我们听到楼下的小电驴怒吼起来。"走吧，"我说，"朋友们，我们走吧！出发！"终于，收拾起了您为我们编造的神话、玄妙的理想、未来的大饼和那遥远的期待！推开生活之门，转动沉寂的户枢，拔掉门闩吧！我们辞职了！看，最初的曙光露出地面了！没有什么能像太阳那样用鲜红的利剑一下子隔断天真的黑暗！我们走到小电驴的身旁，亲热地拍打它可爱的脖子，疯狂的劲头猛冲上来，驱使我们在溪谷一样的坑坑洼洼的路面上飞奔，城市的办公楼像远山层层叠叠，我们年轻力壮，朝气蓬勃。我们一刻都不能停步。

　　哪里是我们的归宿？难道我们还不明白吗？不管去向何方，我们总是朝着一无所有的方向。勇敢地说出这句话吧，没有别的原因。电驴飞奔，此话一出，职场死神就被我们驯服，他在我们前面，每次小电驴转弯，他都温柔地向我们挥舞爪子，不时地匍匐在地上，变成一个巨大的倾斜的黑暗平面，让我们自豪地跳进狂泻的黑水里吧，挺身中流！我们宁愿被陌生吞噬，并不是由于绝望，只是为了填平职场上胆怯和愚昧的深渊！

我刚说完这些话，小电驴就没电了。啊，天哪，我们已经辞职了，不能在公司充电了。我们推着它，虽然大汗淋漓，气喘吁吁，但气概犹存。我们怀着热诚的辞职之心，向世界上一切赤心之人倾诉决心——辞职宣言。

1. 辞职是热情的冒险精神、劲头十足的横冲直撞的先锋行动。

2. 辞职是英勇，是无畏，是叛逆，是我们辞职诗歌的本质。

3. 老板们一直赞美保守，痴迷的感情和酣沉的睡梦，而我们赞美进取性的运动、焦虑不安的失眠、奔跑的步伐、翻筋斗、打耳光和挥拳头。

4. 我们拒绝一切陈旧无聊的重复，因为那是浪费生命！那是坟墓！不必自寻烦恼，朋友，不要接受腐蚀！把我们的感情勇敢地投身于辞职，在折腾中发挥灵感！

我们从地球的一家公司辞职，并向全宇宙发出这份具有冲击力和煽动性的宣言书。年轻人、强壮的未来人，来吧！来吧！干起来吧！愚昧的傻瓜们会被我们的傲气和狂妄激怒，同时心里也会对我们滋生爱慕和钦佩——坦率的、强烈的邪恶之光从他们眼睛里迸发。

你们抬起头听清楚！我们昂首屹立于世界之巅，我们再次向老板您，向世界，向宇宙间一切星球发出我们的呐喊——我们辞职啦。

✉ 原作概要

马里内蒂（1876—1944），意大利诗人、小说家、剧作家、文艺批评家、未来主义运动（兴起于欧洲 20 世纪的艺术思潮，涵盖艺术领域众多，其特点是反对旧思想，追求象征人类进步的征服自然的速度、科技、暴力等元素，主张艺术要为社会的复兴和发展做出贡献）的领袖。1909 年，马里内蒂发表的《未来主义宣言》很好地表现了宣言体的特点，因宣言体重在表达意见、发表言论，所以常使用严肃的态度和口吻阐释经过深思熟虑的见解和情感宣泄，并带有鼓动性、开诚布公的特性。

✉ 技巧与心得

这封辞职信模仿了《未来主义宣言》中充满力量、言简意赅的表达。

波普艺术

安迪·沃霍尔

style

辞职是一门艺术

老板：

✉ 原作概要

安迪·沃霍尔（1928—1987），美国艺术家，波普艺术（兴起于20世纪60年代的消费主义盛行时期，POP取自于英文单词popular，顾名思义，是一种面向大众的艺术形式）领军人物，被誉为"波普艺术教皇"。其作品主要采用丝网印刷的制作工艺，主要特点是色彩明亮、线条流畅，并将类似的图形重复表现。

✉ 技巧与心得

这封辞职信采用了安迪·沃霍尔常用的九宫格布局的方式，使用 PS 和 procreate 软件，模仿了丝网印刷独有的画面质感，和每幅画作乍看相同实则存在差异的趣味。

杂文

王小波

style

告别职场中的
黄金时代

 **辞职信**

老板：

众所周知，辞职需要写辞职信。

三年前，我还不大懂辞职的事，也不太知道辞职信怎么写。我刚毕业，从没有想过自己有一天会辞职，那时候，我觉得老板的事业就是我的事业，我努力工作，想爱，想吃，想拥有一切，还想一瞬间就变成天上半明半暗的云，那是我的黄金时代。现在，那个时代过去了，现在我懂了，原来所谓的职场就是个不断被揉捏的过程，人一天天老下去，美好的希望也一天天消失，最后变得像一个永远习惯于被揉捏的失败者。

我倒不是说自己是一个失败者。我是这么想的，假如我想证明自己不是失败者，只能有以下三条依据：

1. 世界上不存在失败者；

2. 我没有被老板揉捏；

3. 被揉捏不算失败者。

结果三条一条也不成立，但事情就是那样发生的。我不喜欢职场吗？不，我是这么想的。不谈揉捏，不谈愿意被周瑜打的黄盖，我一直认为工作是好的，上班也是好的，但是，我不认为自己能够在这种日复一日的为实现老板模棱两可的愿望的行为中得到乐趣。奥威尔在小说《1984》中并没有把这种痛苦描写得十全十美，痛苦的顶点不是老大哥在看着你，而是待在办公室里，感到天地之间同样寂寞，身边的同事都是和你一样痛苦的伙伴。

我相信这不是我一个人的经历：傍晚快下班了，你坐在办公室里，看着天慢慢黑下去，心里寂寞而凄凉，感到自己的生命被剥夺了。我是个年轻人，我害怕这样生活下去，衰老下去。在我看来，这是比死亡更可怕的事。

我的工作就是在日复一日的重复中度过的，假如我今天死掉了，恐怕就不能像维特根斯坦一样说：我度过了美好的一生；也不能像司汤达一样说：活过、爱过、写过。我很怕落到什么都说不出的结果。

也许我们的人品的一切可取之处，都该感谢沉默的教诲，但现在我决定不要沉默地离开这里，所以就给您写了这份辞职信。我在这里工作了三年之久，对科学和艺术逐渐有了一些了解。接下来我想做一些自己的事，我从小就喜欢小说，并且认为自己能写小说，辞职后我打算从事这一行业。

再见，老板，也许我不会成功，但我认为人应该过一种深思熟虑的生活。

✉ 原作概要

　　王小波（1952—1997），中国作家、学者，以通俗易懂的杂文和别具一格的小说闻名。其作品风格鲜明，语言流畅质朴、自由舒展，充满智性的反思、理性的推论判断、佯谬式的逻辑思维和充满幽默戏谑的表达。其具有强烈个人特色的表达方式常成为广大文学爱好者的模仿对象。

✉ 技巧与心得

　　这封辞职信模仿了《黄金时代》和杂文作品里王小波经典的表达方式和其充满睿智的思考。

小 说

村上春树

style

2020 年的辞职

辞职信

课长：

我今年 30 岁。现在，我坐在办公室的招待沙发上，夜色中传来布鲁克·班顿的《乔治亚的雨夜》，我正在写这封辞职信。清冷的气氛，稀稀拉拉打在窗玻璃上的雨点，又让我回忆起三年前，让我陷身沼泽的那种世界倾倒的感觉。我正在写一封辞职信。至于辞职的原因，要从三年前的那个夏天说起。

那年刚立春的时候，女朋友已经许久未与我联系。四季已然交替了一回，她像是沉睡了一样，电话无人接听，简讯石沉大海，久久的等待后，我安顿好猫，决定到她住的地方去看看。

记忆这玩意儿真是不可思议。当我身临其境的时候，既不觉得身边的风景会让人留下深刻的印象，也决不会料到三年以后的今天，我能将那一草一木辨识得那么清晰。

率先浮现在我脑海里的倒不是大理秩序井然、古朴肃穆的精神病院，而是高高的白顶雪山的弧线、冰山融水的清澈浅边、挟着些微寒意的风、草的香气、松树林，率先浮现的正是这些，清清楚楚的。至于她的耳朵，则需要花一些时间才能记起来。

那天我们肩并肩走过长长的草原，走过幽深的松林，望着雪山。

"没想过？"

"什么？"

"辞职呀。"

"何至于。"

"喜欢上班？"

"其实也说不上喜欢。"

"在这世界上不喜欢的事任凭多少都有的。"

我不知该怎样回答，便沉默不语。在那个宁静、孤独、祥和的下午，她将两只手搭在我肩上，从正面凝视着我的眼睛，然后踮起脚尖，轻轻地将嘴唇贴近我。

"喜欢这样的？"

"唔，真是奇怪。"

"永远记得我。"她说。

那是春日结束前的最后一天，我刚回到公司，就听说了她自杀的消息。春去夏来，这个消息让我陷入了艰难的境地。

坦白说，我从未期待女朋友的永远陪伴。可是她的突然离去，让我在这个世界里永远地失去了一种最好的东西，一种触手可及的光明。

公司的一切还在照常运行着。办公室里人来人去，庞大的机器喀嚓喀嚓作响，人们满怀着狡黠的希望，追逐成功和晋升。可那些获得进展的项目，成交的客户，精美的商品，再也无法让我与之欣然相处。我像是被生活快速旋转的离心力抛了出去，只有我和我的时间蹒跚而行，在那份孤独的泥沼中爬来爬去。

如果落入黑暗，也许我们应该等待，等待自己的眼睛去适应这种黑暗。但三年过去了，这片黑暗仍在我的眼前挥之不散。我尚未习惯。只有那天的雪山、流水、香草、松林、对话、轻吻……像仲夏夜里飘忽的游光，在我的脑海徘徊，屡屡伸出手去想要碰触，但指尖却永远和它隔着一段距离。如今，我不想做一个情绪化的人，不想回头看，但灰暗的一切已紧紧地把我钉在原地。

有朋友劝我出去走走，旅行一段时间，也许管用。也许吧，我想也许我真的应该做个了结，与已然破碎生命中的一切。今天晚上，借着冰镇波旁威士忌的劲头儿，我想到了辞职，于是，我动笔写了这封辞职信。

你若问辞职后，何去何从？

我也不知该作何回答。也许有人清楚终其一生苦苦寻觅的到底是什么东西，也许有人懂吧，总之，我不懂，我不明白我过去从工作中获得什么，我只知道我在一味地失去，什么也未曾抓牢。或许不是别的什么缘故，只是由于我这样的怯懦才把自己推向无可避免的深渊。

　　辞职后的生活会变得更好吗？辞职是最佳的选择吗？我不知道。我只是知道，世界上不存在完美的辞职，就像不存在完美的绝望。

✉ 原作概要

村上春树（1949— ），日本作家、小说家，作品语言风格独树一帜，轻盈、直白、哀而不伤、空灵诗意、独具魅力，也是众多文学爱好者竞相学习和模仿的对象。

✉ 技巧与心得

这封辞职信主要以《挪威的森林》为模仿对象，并结合其他作品中显著的村上式表达、村上元素进行仿写。

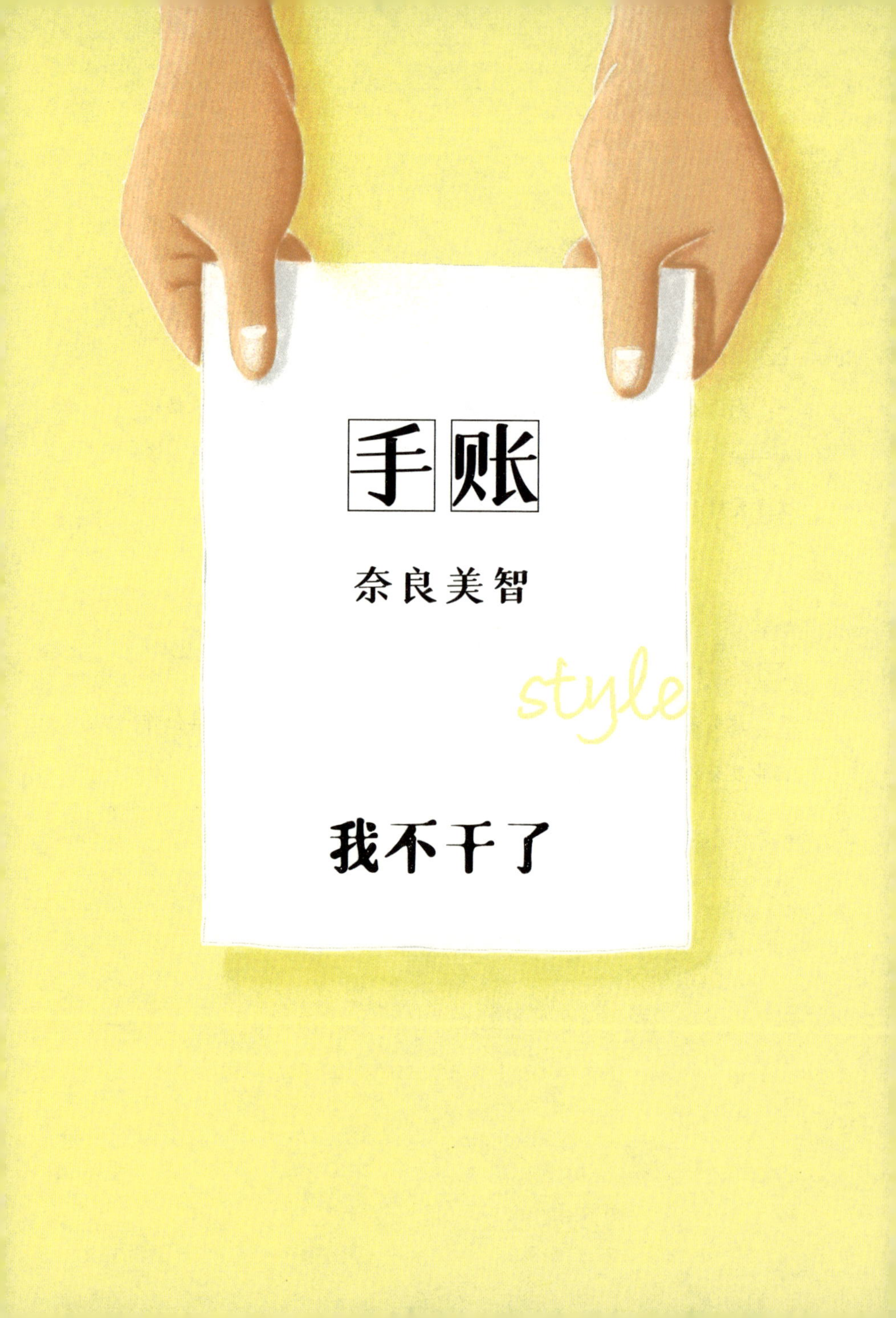
手账
奈良美智
style
我不干了

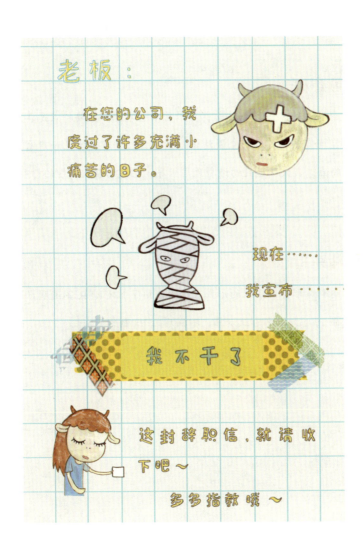

✉原作概要

奈良美智（1959—　），日本著名艺术家。主要特点是其绘画作品空间空旷，人物形象简洁化、卡通化，具有现实性和想象力的双重特点。其大头娃娃的造型风靡世界，已成为奈良美智的标签。

✉技巧与心得

这封辞职信以手账的形式表现，使用了 NICKER 不透明水彩、获多福190g 细纹水彩纸绘画，扫描后经 PS 制作完成。

后现代主义

卡尔维诺

style

如果在冬夜，
一个辞职的人

 **辞职信**

老板：

　　你即将开始阅读这封辞职信《如果在冬夜，一个辞职的人》。先放松一下，然后集中注意力。找个舒服的姿势吧：坐着、仰着、蜷着或者躺着；仰卧、侧卧或者俯卧；坐在老板椅上、长沙发上、轮椅上、躺椅上、摇椅上，躺在吊床上——如果你有吊床的话。当然你也可以躺在床上（你办公室有床）。你还可以头朝下倒立，像练瑜伽那样，当然，这封辞职信你也得倒过来拿。

第一章

　　如果有员工在旁边，你要向他们大吼："不，我不要看财务报表！"大声一点，否则他们听不见。"我在看一封辞职信！不要打扰我！"也许员工离你还远，他们没听见你说话，你再大点声，怒吼："我要开始看辞职信了！"当然，你要是不愿意，也可以不吼；但愿他们不会来打扰你。

喏，干吗愣着？调整一下心情，这可是一封辞职信，也许你每天都会收很多封，你身后的垃圾桶里已经揉着好几团了，但很明显，这封辞职信的开头吸引到了你，还有以"第一章"开头的辞职信吗？没有。现在，你手里恰好有一份。很好。

第二章

你坐在办公桌前，把这封辞职信放在一堆文件中间，仿佛随意丢在那。过了一会儿，你把文件移开，这封信就出现在你的面前。你漫不经心地让第一行文字映入眼帘，把两肘撑在桌子上，双手握拳支住两边太阳穴，好像聚精会神地研究一份销售报告。其实你只是想看看，到底谁又辞职了，这个叫什么诺的人究竟是哪个部门的。渐渐的，你被辞职信里的腔调吸引了，心想：这个家伙究竟在干什么？

于是你把脊背靠向椅背，把信捧到鼻尖下，椅子倾斜，使椅子和办公桌中间隔开一段距离。你伸手抽出办公桌右手边最上面的抽屉，把脚放在上面，伸直腿（腿的位置在阅读一封辞职信的时候非常重要），最后你干脆把脚伸到办公桌上去，搭在尚未审阅的文件上面。你把辞职信翻到最后一页，因为你想知道这封信究竟有多长。谢天谢地，不算太长。现在的长篇辞职信太多了，这是否说明员工的工作还不够饱和，他们才有时间写这么长的辞职信。这是一种自相矛盾的行为，时间的维度已经被繁杂的工作，工作，就是被称为工作的那种莫名其妙的东西打碎了，每个人只能在碎片中思考和爱。

如果在冬夜，一个辞职的人

屋子里，一台空气加湿器呜呜地叫着，喷头冒出的白色水汽就弥漫在这封辞职信的开头，一团水汽刚好遮住了第一章的第一部分。水汽里夹杂着一股怪异的味道，像陈年的书稿发出的霉味。有人透过蒙蒙雾气看向一份文件。办公室的灯光昏暗，在黑暗和水汽之中，我从座位站起来，没错，我是在加班，我也是这封辞职信的主人公，或者说，辞职信的主人公的名字叫"我"，除此之外你对这个人物还什么也不知道，对究竟是谁在辞职也一无所知。

第三章

屋子里，一台空气加湿器呜呜地叫着，喷头冒出的白色水汽就弥漫在这封辞职信的开头，一团水汽刚好遮住了第一章的第一部分。

现在你已经看了两三页，逐渐对它产生了强烈的兴趣，可是读到这一章开头的时候你还是会说："唉，这个场景一点也不陌生，和上一章的某一段一模一样，甚至一个字都不差。"很明显，这是以文字或者说以时间为单位的重复，您是个非常细心的读者，或者说是个非常细心的领导，处处都能领会员工的意图，什么也逃不过您洞察的眼睛——辞职这件事的起因就是由于这样的重复构成的。然而同时您也感觉有点扫兴，因为你正看到兴头儿上，这位辞职的员工竟然开始卖弄现代文学拙劣的技巧——重复主题。这是不是什么把戏？真见鬼，魔鬼都对这种行为厌烦了，都是这样，都是这样，后面也没有什么好看的。

第四章

你把辞职信扔在地上，你真想把它扔到窗外去，此时窗户距离你三四米远，还是关着的，你甚至想透过玻璃把这封信扔出去，但信太轻，揉成团或许是个好主意，这样信中的文字褶皱，蜷缩，在混乱中相互碰撞，本不该挨着的词句碰在一起，表达出新的意味。或者干脆把它撕个粉碎，不过这让别人看见可不太好，作为领导，必须有控制自己情绪的能力。或者干脆把它吃到肚子里，这样你就可以完全否定这封信的"存在"，让它在过去、现在、未来之中都不能出现，而是变成一团盘曲的粪便，这是最佳的否定之中的否定，这是辞职信应该有的下场。可是你没有这么做，而是把它捡起来，还得在上面签名呢。

塔什库尔干石头城堡

被称为塔什库尔干石头城堡的，其实是一个牧羊人只在冬季居住的小屋，小屋地处帕米尔高原东沿。青色、灰色石头垒起的小屋门外，一位塔吉克族少女坐在躺椅上看书。您读到这里，猛然意识到，如果这封辞职信没有使用插叙或者倒叙的写作手法，时间应该与前文一致，即是——这是冬天——姑娘冬天还坐在室外看书是否会感到寒冷，尤其是在塔什库尔干，那里海拔 4000 多米，您理应关心这一点，但您显然没有关心这一点，而是关心——这是怎么回事？怎么，怎么又出现一个新的人物？这 ×× 的到底是谁要辞职？这女的跟要辞职的人又究竟是什么关系？——您先别着急。女孩的名字是弗拉基米尔娜，你看到这个名字的时候一定不会把它认认真真地读一遍，只是感觉，哦，这个名字大概有六七个字那么长，第一个字是"弗"，后面这个名字再出现，只要看到"弗"字就能把这个名字认出来。弗拉基米尔娜坐着一动不动，聚精会神，从她阅读这种看似没有运动的运动上我们看到了一种迹象。她的目光逐行移动，在一行的末尾或眨一下眼睛或者不眨，跳到下一行的开头，词句在她脑海中奔流、阻滞、闪歇，她的注意力集中又松弛，思想前进又回顾。阅读这种运动看起来单调，实际上却在不断变化、起伏，像一张线条交错的网或者说迷宫，或者说一个梦。最终，透明的词句经过她思想的吸收，变成一种仅属她所有的不能传达给他人的内心的幻象。

最后的结局是什么

您终于等来了这个即将宣告自由和安静的时刻，辞职信的最后一页。很抱歉用一段艰难的后现代主义文学旅程打扰了您繁忙的工作，也许这场颠沛流离的航行早就该结束了。

现在，您能看到这封辞职信最后一页的文字，字很大，您看得很清楚，再明显不过了，上面写着：

由于个人原因，本人希望辞去现任职务，谢谢！

✉ 原作概要

卡尔维诺（1923—1985），意大利著名文学家、作家。著名的后现代主义（兴起于 20 世纪 40—60 年代的新文化思潮）作家。

✉ 技巧与心得

这封辞职信以卡尔维诺的《假如在冬夜，一个旅人》为蓝本，集中体现了后现代主义小说中故事嵌套、戏仿、文类合并、拼贴、重复主题等特点。值得指出的一点还有，这封辞职信中以老板这位读者作为了故事的参与对象进行描写，也是一种后现代文学的技巧，是"元小说"（以作者现身为主要特点）的一种变体。

垮掉派

金斯堡

style

辞职嚎叫

 **辞职信**

老板：

　　我将一切都给了你，此刻我啥都没有了。

　　此时此刻，

　　我受不了自己的心。

　　老板，去你的二大爷吧。

　　我不爽，少来烦我。

　　你害我失心疯连个屁也写不出来了。

　　老板，几时你才能像个天使？

　　几时褪去你的衣裳？

　　几时你才愿意看看自己那副死相？

　　几时你才能配得上你单纯友爱的员工？

老板，为什么办公桌的书架上泪痕浸润？

老板，你答应涨的工资到底什么时候能涨？

我受够了你那发了疯的需索无度。

几时我能走进超市，单凭我的帅来添购我要的东西？

说到底，老板，该走的人不是我，是你。

你那套搞法我不能承受，

你让群花如兽头，

兀自原处浇养摩洛克的监房。

哎，还要有多少杰出的心灵要毁于癫狂。

凌晨三点，把记述幻觉的最后一本日记本扔出窗外，

凌晨四点，关上最后一扇门，

把最后一通电话砸在墙上。

我的心灵如同最后一间房子里的最后一件家具，

洗劫一空。

裸身做梦，

顾影自伤。

站立于爱堆砌的巨石阵之上

与神陶然交，

千年，太阳炙烤岩石，

万年。

世代滚滚前行，

于此花床榻上，

我唯辗转，

我唯流浪。

我唯以自身的辞呈，

款待这蔷薇花般的夜晚。

去死，无羔。

✉ 原作概要

金斯堡（1926—1997），美国诗人，垮掉派（处于后现代主义文学起源阶段的文学流派，二战后风行于美国，以存在主义思想为基础，在艺术方法上否定"高雅"，摒弃学院派传统，倡导自由自发的艺术）代表人物之一。其诗歌风格错乱恍惚、内容芜杂、意象丛生，充满了强烈的感情冲动和疯狂的色彩。

✉ 技巧与心得

这封辞职信采用了诗歌的形式，为体现金斯堡风格，故使用了一些疯狂、随心所欲甚至偏激粗俗的词语，主要参考对象是《嚎叫》。

新艺术

穆夏

style

辞职插画

老板：

✉ 原作概要

穆夏（1860—1939），捷克斯洛伐克国宝级插画大师，新艺术运动（发生于十九世纪末的二十世纪初的一次影响巨大的装饰艺术运动）先锋和代表人物。唯美的女性人物是其作品显著的特点，此外提倡自然风格，擅长以自然的曲线构建画面，辅以繁复的细节，呈现出浪漫优雅的特色。

✉ 技巧与心得

这封辞职信以一位身着新古典主义风格长袍的女性为主角，以穆夏元素中受伤的心和飞鸟的形象搭配海报式的"GOODBYE DEAR"标题体现辞职主题。穆夏原画大多采用石版画，这封辞职信使用 procreate 和 PS 软件模仿石版画的风格绘制。

白话小说

曹雪芹

style

红楼辞信

 **辞职信**

题曰:

　　　　　浮生着甚苦奔忙。

　　　　　职场悲欢梦一场。

　　　　　弗如抽身拂袖去,

　　　　　嗟叹个地久天长。

老板、列位看官:

　　你道此信从何而来?说起根由虽无关鸿蒙初判,亦不涉大荒山女娲补天,只止于些前尘影事,虽不及红楼一梦,细谙亦有些趣味。待在下将此来历注明,方使阅者了然不惑。

　　写辞呈这日,正当九月中浣。时萝薜倒垂,落花浮荡。午饭后,我携一套《会真记》至公司楼下。可巧这日,楼下亭中坐一跛足道人,麻屦鹑衣,疯狂落脱,口内念着几句言词。我便迎上前道:"你满口说些什么?只听见些'好''了''好''了'。"

那道人笑道："你若果听见'好''了'二字，还算你明白。可知世上万般，好便是了，了便是好。若不了，便不好，若要好，须是了。我这歌儿，便名《好了歌》。"

我本是有宿慧的，一闻此言，心中早已彻悟，因笑道："且住！待我将你这《好了歌》解注出来何如？"

道人笑道："你解，你解。"

我乃说道：

骐骥骅骝，运不达瘦卧圈圉弊厩，

魑魅魍魉，劫一至祸乱人世春秋。

这一厢缥缈起高楼，

那一厢红折窗破梁朽。

衰亡倾颓，谁不忍匡然补救？

荒惑败乱，孰不曾望重筹谋？

说什么富贵长，闻达久，都似花空烟水流。

金满手，银满手，一朝落魄，人似当时否？

正叹他人职场败走，

一展眼轮到你上头。

天无由，身属螟蛉蚁蝼，

时无常，人当木鸡乌狗。

这方面试，那方辞职，好一场荒唐戏游，

何事苦淹留，

认他乡是故乡，误几回天际归舟？

那疯跛道人听了，拍掌笑道："解得切，解得切！"

我便笑一声："走吧！"将道人肩上褡裢抢了过来背着，竟不回办公室了，同了疯道人飘飘而去。

✉ 原作概要

曹雪芹（约 1715—约 1763），中国清代文学家、小说家。从语言风格角度分析，其语言简洁流畅、洗练优雅、生动优美，将口语、接近文言的白话、平浅通俗的文言文和古典诗文韵文有机地结合在一起，是中国文学史上具有里程碑意义的杰作。

✉ 技巧与心得

这封辞职信模仿了《红楼梦》第一回甄士隐注解跛足道士《好了歌》中的嵌入诗赋和白话文表述的特点。

恐怖小说

洛夫克拉夫特

style

恐怖的辞职

 **辞职信**

老板：

　　依本人之见，职场生活最大仁慈之处，莫过于我们不知道自己的无知。我们生活在一个被混凝土墙围砌的平静小岛上，被无穷无尽的让人毛骨悚然、发疯的无边不确定性层层包裹，或许所有人既不该辞职远行，也不该向那深不可测、渗透出险恶的恐怖气氛的无边混沌窥探一眼。因为迟早有一天，等到那些在黑暗之中、被辞职人敏感的心灵偶然一瞥的十足怪异的诡秘事物拼凑起来，揭示了人们在职场中的可怕处境，所有人都要不免发疯。

　　假如神能赐我一点恩惠，我希望神能永久地消灭那段与那东西相遇的记忆。按照正常生活的轨迹，我是永远也不会见到它的。至今我想到那可鄙的渎神之物时，仍不免毛骨悚然，浑身战栗，后悔自己踏出的一步；而每次梦见它的夜晚都会让我猛然惊醒，血液凝结般，浑身浸湿在惊恐的冷汗之中。

　　老板，您必须知道，真正的恐怖时刻徘徊在职场世界之外。那次与它相遇的经历，发生在我准备辞职并向那片深渊发出希冀的渴盼的第三年，而一切不可避免的后果都源于我这颗敏感又脆弱的心灵，它向黑暗伸出触角，而黑暗回应了它的呼唤。

　　那天太阳早已落山，我还在公司加班，心里依旧保持着对辞职那片深不可测的未来虚空的思恋。突然，办公室外一阵窸窸窣窣的响动引起了我的注意，我起身打开门，一阵寒气猛然刺穿我的脊背，眼前的情景令我浑身一颤，接着双膝发软，不由自主地跌坐下去。灰黑的夜幕之下，距离我只有不到一寸的距离，一个漆黑的眼窝正对在我的面前，章鱼般的触角从它的脸颊垂下。霎时，一股浓烈腐臭味传来，强烈地刺激着我的鼻腔。持续的、低沉尖利的恶吼声，似乎是从半腐烂裸露的胸腔里不由自主地发出的，一阵阵冰冷的气流，带着烂鱼的臭气喷向我的脸。那时候，我还不知道该如何给我所见到的那个眼窝之外的形体命名。旧日支配者、远古邪神、克苏鲁——不管我们怎么称呼它——在写这封辞职信的今天，在经历了那场噩梦之后，经过无数记载的查阅，我已经知晓——当我遇到那个可鄙之物，也就是在永恒黑暗中等待做梦的邪神苏醒的同一天，世界上发生的其他异变——海地的暴乱活动加剧，印度国内发生了严重的罢工，非洲前哨营地集体辞职，南美洲滨海地区秘密举行难以名状的邪恶渎神祭奠和游行。当我一一查证后，才终于明白了横亘在职场现实和虚幻之间的边界是多么重要，而那些透过边界窥探的敏感心灵究竟会给职场稳定带来多大的威胁。

　　这场变故之后，我在公司安排的心理健康测评中得到了低于 60 分的测评结果。按照公司相关规定，您有权利辞退我。我已经在这家公司工作了三年，事实上，即使您不辞退我，我也没有办法在这里继续工作下去。每次我从办公室迈出第一步，不管是白天还是晚上，我的眼前总是会梦魇一般地浮现那个可鄙的形体。这一情景在我的噩梦里也开始变得越来越频繁，我无比清楚地知道自己无法与这巨大的噩梦抗衡，也许真的辞职才是唯一可行的方法。此时我才终于明白，为什么恐怖小说中主人公明知前路有鬼却依然前行的真正原因——那就是当我们已然明白我们身处噩梦之中时，唯一能让自己从梦中醒来的就只有深入探索更深的恐惧。希望领导同意我的辞职，也请您相信，我会对外守口如瓶。另外，在辞职信的最后，以避免这类惨剧继续发生，以我亲眼见过旧日支配者的经验和由此产生的恐惧迫使我补充的职场生存知识，向您和未来同事提出几点善意的警告：

　　1. 忍耐是美德。

　　2. 莫轻易辞职，辞职不只美好，也有恐怖。

　　3. 即使是老板，拜访别人时也请敲门，千万不要贸然闯入，因为只有克苏鲁才是从来无须敲门的。

✉ 原作概要

　　洛夫克拉夫特（1890—1937），美国恐怖、科幻、奇幻小说家。克苏鲁神话体系的缔造者。洛夫克拉夫特文句古朴、优美、深刻，善于营造恐怖的氛围和表现对未知的恐惧。

✉ 技巧与心得

　　这封辞职信模仿了洛夫克拉夫特的风格，主要模仿对象是《克苏鲁的召唤》。

童话

圣埃克苏佩里

style

告别上班星球

 **辞职信**

第八颗星球的老板：

在给您写这封信前，我得先请求孩子们原谅我，原谅我写信给一个大人。不过，如同我原来所说，每个人心里都有一个孩子，只是有的人后来忘记了。所以，当我写这封信给您的时候，我决定把它送给还是孩子时候的您。

许多年后，我是从电话里得知小王子后来的旅程的。

故事开始于小王子回 B612 的路上，有一天，他路过职场星系时，遇到一颗小小的上班星球。住在这颗星球上的是一个上班的人。

"啊！啊！好无聊，为什么越上班越不快乐。"那人见到有人来到她的星球上，抬起睡眠不足、呆滞漠然的眼睛对小王子说。

因为绝大多数人都不爱工作，即使是被称为"工作狂"的人也不爱。他们被迫成为工作狂，有人说，那是一种被逼到绝境的、压抑天性的、扭曲的生存反应。

"你好啊，上班的人。"小王子向她打招呼。

"你从哪里来？"上班的人问。

"我从地球旅行回来。"小王子回答她。

"地球？那里是个有趣的地方吗？"

"那里很大，至于有趣……"小王子正犹豫着。

上班的人打断他说："说起旅行，我也好想旅行。"

"为什么不？"

"人们都说不应该追求那种虚无缥缈的东西，而是应该追求财富、地位和令人羡慕的生活。"

"这也是一种选择啊，那你怎么做呢？"

"我不知道想要什么，只是在迫不得已地工作中，我背离了自己的内心，我努力逼自己做好，起码不比别人差。做不到我会很失落，可是做到了的那种开心也不是真正的快乐。"

"大人的心思可真复杂。"

"我感觉我把生命的热情都消耗在工作上了。我不想工作，只有在休息时间我才会感到快乐。每个周日的晚上我都祈求明天不要来到。做什么才会快乐呢，我也不知道。"

"你喜欢旅行？"

"咦，你怎么知道？"

"你刚才不是说过吗？大人总是爱忘记自己说过的话。"

"我倒是说过。"

"宇宙很大，有很多不同的星球。也许你可以去看看，用心里的眼睛寻找只属于你的那份美丽。"

"你接下来要去哪里呢？"上班的人放下托住腮的胳膊，看着小王子。

"我正在回 B612 小行星的路上。"

上班的人抬头仰头遥望远处的星星……

从这以后，小王子回家的路上多了一个旅伴。

✉ 原作概要

　　圣埃克苏佩里（1900—1944），法国作家，代表作《小王子》。其文字简单质朴却饱含真情，富有哲理。

✉ 技巧与心得

　　这封辞职信模仿了《小王子》中经典的表达方式和图文结合的表现方法，图画使用宝虹 300g 中粗纹水彩纸、白夜固体水彩、蘸水钢笔呈现。

词典小说

米洛拉德·帕维奇

style

辞职词典

辞职信

老板：

我向您保证您在读罢本信后绝不会招来破产之祸，而此种不幸命运曾于 1691 年《辞职辞典》初版面世之后，降临在当时的老板身上。

那个版本的辞职信由一部卷帙浩繁的辞典组成，辞典有十万个词条，均由达乌勃马奴斯用他的唾液稀释粉末和调配诅咒的油墨书写而成，任何一个胆大妄为的老板若读了它，定遭破产之凶。除了老板，任何阅读者在看至第 7 行上的这几个字时都会顿时辞职，这几个字是：被梦之梦与现实的碎屑交互。信里有下述提示：

"倘若你已苏醒却未觉痛苦，须知你已不在职场世界。"

当《辞职词典》饱经磨难辗转流落到我手上，我翻开第一页，便已决意辞职。

如今这封信由我从卷帙浩繁的初版《辞职辞典》的残简中摘录而出，只摘录由 A 和 B 开头的辞典中的两则，做出这个决定的那天，我的头发立刻落光，虽上班就会脱发，但如此透支也让我深知这绝非好兆。于我的不幸所幸是对读者的万幸，因如此断章取义，便避免了读者遭遇失业的磨难。

词条：阿尔帕卡巴（约815—845）

最著名的职场捕梦人之一，他曾进入这一神奇秘密的最深邃之处，他曾在别人的梦中迷失过，但也曾成功地在别人的梦里驯养过游鱼，最终他打开一扇门，掌握了他所从事的艺术的最高技艺，到达了无人可及的最高处，与至上的"职场天父"取得联系，并得到了语重心长地告诫："从你现在所在之高地到达现实世界并非易事，一旦辞职不当，便有毁灭一切攀登荣耀的危险。"

词条：巴斯拉残篇 ▽

一份阿拉伯地区流传的残稿，虽已无法得知它曾在初版《辞职辞典》中的位置，但所幸文本保存了下来。这份手抄稿这样写道："职场捕梦人没有影子，没有犄角，沉默寡言，从来不肯跟别人谈论他是怎么理解辞职的，可是在论古说今时，却总是拐弯抹角地暗示别人该怎么理解，劝人家圆梦，借助捕梦人去领悟辞职的真谛。有两句格言出自职场捕梦人之口。一句是：别抱片瓦遮身的幻想了，他巨大的身躯中最重要的组成部分是梦的王国。另一句是：下班乃是对辞职的练习。除此之外，阿克拉姆还说过诸如'你才是捕梦人，我不过是这一法术的爱好者'之类的话。"

✉ 原作概要

米洛拉德·帕维奇（1929—2009），塞尔维亚作家、诗人、文学评论家。代表作《哈扎尔辞典》开创了辞典体小说的先河。其特点是不按照一般小说的情节结构铺陈内容，而是运用对一些名词进行解释的方法来讲述扑朔迷离的故事，纷繁复杂，古代与现代、幻想与现实、梦与非梦盘根错节地缠绕在一起，时空倒溯，人鬼转换，似真似假。

✉ 技巧与心得

这封辞职信采用了辞典体的形式，通过对两个名词的解释作为辞职信的结构，并模仿了帕维奇小说中如梦似幻的表达，模仿对象是《哈扎尔辞典》。

魔幻
现实主义

马尔克斯 *style*

职场的第三种忍受

辞职信

老板：

多年以后，面对风化的纸片，我将会想起在办公室考虑辞职的那个遥远的下午。

吃过午饭，那时的我睡了一大觉后，已将整个上午里的令人不安的烦闷和焦虑忘却，醒来时胳膊麻酥酥的，办公室窗户半开半闭，空气里已经透进了——完完全全的——城市的嘈杂声，如果不是被另外的情绪所主宰，我此刻一定不在这里，还遁形于无所察觉之处，逃离一上午愁苦的浸泡，逃离心中那满满的厌恶。可是，办公室里同事的轻谈声此起彼伏，转移了我的注意力，让我注意到另一种更正常、更世俗的生活，所有动物每天要过的常规的生活。

有一句话溜走了，在我脑际萦回的一句话，它说的是一件不寻常的事，一直盘旋脑海、不肯离去，此刻却像被手枪响声吓得半死的老鼠一样，钻进洞里不见了。那句话的后半段是"时机已到"。

正是那句话，漫长的职场生涯里，它不断从内捶打我的脑壳，无数次挠抓我的胸口。如何摆脱它？每当它引起的痛苦四散，还来不及反应，漫游就开始了——我脱离了躯壳，飘飘然悬浮在绝对的虚空，变成了没有形状的一个点，小小的，没有方向。即使事情屡次如此发生，我依然无法确定究竟发生了什么，心里乱乱的，唯一的感觉是我可以在一瞬间游遍办公室大大小小的角落，钻过椅子靠背下的空隙，滑过柜顶，从头顶看着那些看似兢兢业业躲在格子间里的同事，我在空中飘，一会儿躲进墙壁的缝隙，一会儿藏进蛛网底；这个房间里有我最喜爱的一个角落——天花板枝形吊灯上的一颗火焰形状的小灯泡，灯泡年久积尘，布满蛛网，一根盘绕的银色钨丝已经断掉。我浮在透明玻璃里，透过钨丝往下看，那个男人两手托腮坐在那里，正在运用他可笑的理智，他捉到了那句话——辞职的时机已到。他想：可是，辞职之后怎么办？在找到下一份工作之前，在事业创立初期，没有收入的日子里会发生什么？妻子离我而去，房子被银行收走。他对自己说：只要忍一忍，还要忍一忍。职场无非是一种忍受，上班要忍受束缚之苦，辞职要忍受自由之苦；心已离开身体留在这里，谁能否认第三种忍受不是最坏的一种？

我听见旁边有一点动静，我一直以为自己是一个人藏在这远离尘嚣的角落，高高的，陌生的所在，可是这一天，我突然听见了其他声音，窸窸窣窣，我突然感到恐惧。这是一种全新的恐惧，对新世界里神秘未知的事物的恐惧。想想看，一切都这么无缘无故地发生了，那声音是什么？我的穿越只不过过去了一秒钟——当然这是以三维世界的时间来衡量——此时我身处微小的玻璃罩之中，从前从未细细查看过这里，当我开始领略这个新世界的规矩和特点时，我发现我的周围一片漆黑，黏稠的、无法穿透的黑暗笼罩四周。难道我来到了传说中的天国？那些窸窸窣窣的声音是生活在这里的魂灵，他们还未经历职场奸恶就早早故去，那些孩子的魂灵。我力图在阴影里寻找，看身边有没有像那样的生灵，他们比我要高贵得多，简单得多。他们远离具体的世界，被迫生活在这样的梦游之中。我悲凉地忆起我也曾是那样一个孩子，我努力寻找，看"那个"孩子是否就在其中？

可事情有点不对，今天的情况有些反常，为什么我会对这里产生了这么强烈的眷恋，我知道这仅仅是一种形态的改变，从具体的世界到一种更舒服、更简单的世界的穿越，在这个世界里，所有空间的界限都不复存在。我在这里，在灯泡里，同时也不在灯泡里，不在任何地方，我已经失去了对自我的控制，失去了我对人世、对职场的责任，现在的我要服从另一个更高的意志，我变成了一个无用的、荒唐的、毫无价值的人。啊，我不能辞职啊！我开始担心起来。担心我的身体是否还在我的下面，"下面"这个词对这个世界已不适用，我不知道哪里是下面，时间过去了多久。

我调动所有的能量，就像一只昆虫竖起它的触角，集中扫向办公室，寻找那副疲惫的身躯。此刻，他应该还坐在椅子上，旁边放着辞职信，手里拿着计算器，应该是在计算财务报表吧，那份工作领导说特别急的。可是他不在那里。我又找了一遍，可办公室也不是原来的样子了，这间房子的各个角落看上去都很陌生，房间昏暗陈旧，墙面雪白平坦的白石灰片片皴裂，斑驳脱落，天花板的一半塌落在桌上，纸片风化碎裂，破碎成不规则形状的空心砖，文件残片散落满地，半埋进黑乎乎的泥土里。泥土里长出各种青草，一株陌生的花倒垂着黄色的穗子，散发出一股清香的味道，黄色蝴蝶漫天飞舞。这时我才明白，从我进入灯泡的那个下午算起，已经过去一百年了。

而想必老板也知道的是，任何忍受过这样一百年孤独的人，都不可能再在这家公司上班了。

✉ 原作概要

马尔克斯（1927—2014），哥伦比亚作家、记者、社会活动家。魔幻现实主义（发端于20世纪40年代的拉丁美洲，是一个将本大陆传统文化与欧美现代主义文学的表现手法融合在一起的文学流派）的代表人物，代表作《百年孤独》。其魔幻现实主义的突出风格体现在现实和神话交错渗透，夸张荒诞，对占据情节主导地位的神秘力量采取司空见惯的态度。

✉ 技巧与心得

这封辞职信以《百年孤独》和马尔克斯早期短篇小说《第三次忍受》等为蓝本进行仿写。

超扁平

村上隆

style

老子不干了

老板：

✉ 原作概要

村上隆（1962—　），日本艺术家，超扁平风格（指绘画的画面内容皆运用扁平化的形象，没有明暗变化，只以色彩区别，无视觉空间感，以符号化、卡通化为典型特征）的倡导者与实践者。

✉ 技巧与心得

这封辞职信采用了超扁平风格，并以村上隆著名的太阳花作为装饰，使用 procreate 软件绘制。

俳句

松尾芭蕉

style

**别叫我辞职的人
请叫我旅人**

辞职信

老板：

　1　预知我辞职

　　　于秋风中的沙发

　　　度过几夜吧

　2　旅人饥寒的

　　　胃——总无法固定于

　　　一处的食堂

　3　我庸才无能

　　　只想得春日好眠

　　　闹钟叫太早

4　职场之行旅

　　如在一小块田地

　　来回弄耙犁

5　先觉得好玩

　　而后伤悲——看辞呈

　　飞往落叶街

✉ 原作概要

松尾芭蕉（1644—1694），日本俳句诗人，有"俳圣"之称。俳句是日本的一种古典短诗，由五、七、五个日文发音的三句短句组成，且必须含有一个"季语"（表季节的词语，如春夏秋冬或表气候和自然景物的词语）。

✉ 技巧与心得

这封辞职信使用了俳句的结构形式，由五、七、五个汉字的三句短句构成，参考对象是《但愿呼我的名为旅人》。

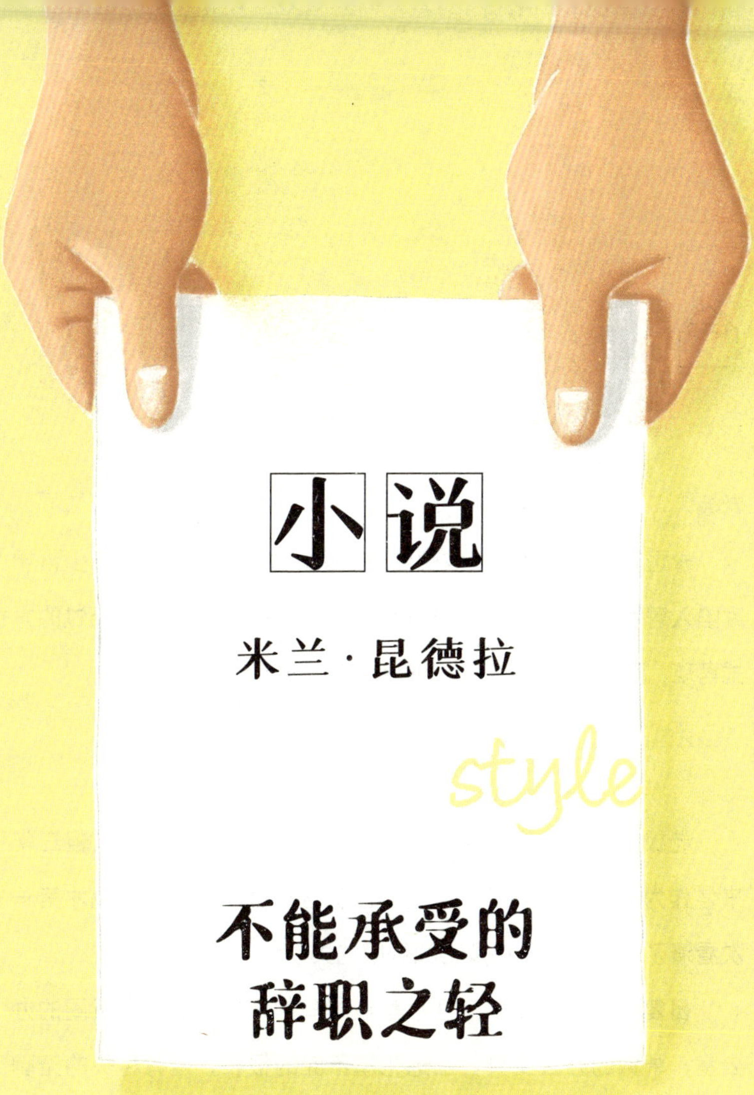
小说
米兰·昆德拉
style
不能承受的
辞职之轻

辞职信

老板：

　　永恒轮回是一种神秘的想法。尼采就曾用这个主题让不少哲学家陷入窘境。请您想想吧，有朝一日，一切都将以我们经历过的方式再现，而且这种重复还将无限地循环下去！

1

　　老板，我本不想以哲学内容作为这封辞职信的开头。但三年来，作为一个普通员工，正是得益于这些思想的启发，我才第一次看清了工作本身，以及它和辞职的关系。

　　日复一日，职场生活几乎都在相同的场景里度过，沉闷的办公室，单调的办公文具，永远也填不完的报表，没有尽头的无聊会议……作为员工，我们重复着机械化的流水作业，日复一日，年复一年，工作似乎正是处于这样的无限轮回之中。

　　在尼采看来，这沉重的负担也在压迫着我们，纪律、考核、业绩，压得人喘不过气。让我们屈服于它的正是这种轮回，这便是日常的工作。相反，当负担完全缺失时，人就会变得比空气还轻，就会飘起来，远离大地和地上的劳作，就会变得自由而没有意义，这便是辞职。

那么，对于一个员工而言，到底选择什么呢？是重还是轻？是工作还是辞职？

2

多年来，我一直想着那个叫昆德拉的男人。我为什么会称呼自己"那个叫昆德拉的男人"？这是一种思考的视角，这样的称呼可以把自己的灵魂从本身抽离出来，像是浮在天花板上看一个陌生人。这有点小说的味道，但正是在这样的视角下，我才真正看清自己。

他曾立下志愿，永远不要被长久、稳定的工作关系束缚，因而预创了一种"走马灯"的工作方式，像对待情人一样对待工作，永远不在一家单位工作超过三年。可是这个模式在他第一份工作中就被打破了，他在这家公司工作了四年！

不解之词简编
辞职的味道

夜已深。公司楼前，他等的最后一班公交车迟迟未现身，一辆洒水车缓缓驶过。水花喷溅的声音刺破夜空,马路上飘来汽车尾气、蒙蒙水雾和寂寞混合的味道。辞职的味道。

此时,他还没有意识到,比喻是一种危险的东西。人是不能和比喻闹着玩的。一个简单的比喻,便可从中产生感情——辞职前的离愁别绪。

3

为什么辞职这个词对他如此重要。

公交车上,空无一人,从最后一排座位看过去,看不到司机。他打开笔记本,着手写这封辞职信。

还记得第一天入职的时候他是乘坐一辆载满人的公交车去的,而此时,一个人也没有,"往哪走,都是往前走。"昆德拉在信上写下这句话,又是一丝小说的味道。可是,谁又知道漫长的告别和回不去的故乡是一个意思呢。

辞职的重担几乎压垮他,他感到四年里自己亲手用虚无缥缈的"轻"毁灭了现实的一切。那张火车票是前天买的,此时,大概正放在床头上。离开这里。这个念头让他感到恐惧,无从寄托的沉思与现实的碰撞让他备感慌张,慌张又加剧了他的恐惧。时间已经比预想多过去了一年,在被他亲手毁掉的废墟之中,或许只有通过辞职才能断灭一切。上班是有尽头的，这正是我们职场生活的世界最可悲的结局，也是任何一个敢于面对残酷现实的灵主的可笑把柄。

　　回到家，他打开房间门，打开吊灯，把辞职信丢在床上，床上放着那张火车票。一只巨大的蝴蝶被光线一惊，飞离灯罩，在房间盘旋。下面，传来自动钢琴和古筝飘然的低鸣。

✉ 原作概要

米兰·昆德拉（1929—　），捷克、法国国籍小说家，在语言、结构、思想各个方面均对小说艺术做出巨大贡献。《不能承受之轻》是其备受大众喜爱的作品。

✉ 技巧与心得

这封辞职信模仿了《不能承受之轻》中"复调小说"的特点，以看似互不连接的辞典式章节插入其中作为行文结构，并使用了第一人称和第三人称转化的小说技巧。

小说

罗伯特·詹姆斯·沃勒

style

职场遗梦

 **辞职信**

亲爱的老板：

希望您一切都好。我不知道您何时能读到此信，总之是从昏迷中醒来之后。很抱歉，上次会面我出手过重，我总以为自己善于干净利落地解决问题。事实上，我时常怀疑自己是否有足够的意志力处理艰难的事。我没有把宝押在您不会开除我上，我尊重您的决定，也许您是对的，我不知道，我的心也已蒙上灰尘。

我在这家公司工作已有三年之久，我不喜欢自怜自艾，我不是这种人。而且大多时候我不是这样的感觉。相反，我有感激之情，因为我至少在茫茫人海中遇到了您。我们本来可能像一闪而过的两粒宇宙尘埃一样失之交臂。

上帝，或是宇宙；或者不管叫它什么，总之那大系统是不承认地球上的时间的。对于宇宙来说，三年和三兆光年没有什么区别，我努力记住这一点。

我喜欢这份工作。而且，在工作中，我总想方设法把它变成某种反映我个人意识、我的精神的产品，就像某种诗的形象，或者说艺术，但是您总是持反对意见。这可能是我个人的问题，或者说这是一种普遍性的问题，通过某种艺术形式谋生所产生的问题。公司是跟市场打交道；而市场——大众市场——是按平均口味设计的。数字摆在那里，我想现实就是如此。正如我曾经所说，这非常束缚人。以后我准备写一篇题为《爱好比工作好》的文章，专门写给那些想以爱好为职业谋生的人看。市场比任何东西都更能扼杀艺术的激情。对很多人来说，那是一个以安全为重的世界，就像你的世界。一个产品卖得好，就马上跟风，粗制滥造。这是怎样的一个世界？一样的、熟悉的、舒适的、没有异议的东西有价值吗？让利润、销量以及其他玩意儿统治着艺术，我们最终都会被赶着进入那个千篇一律的大轮盘。

您和销售部的同事都总是把一种叫作"消费者"的事物挂在嘴上，这事物在我心目中的形象就是一个矮胖子，穿着皱巴巴的夏威夷衬衫和短裤，戴一顶挂着啤酒起子的草帽，手里攥着大把的钞票。你真的了解"消费者"吗？你爱他们吗，你知道他们真的需要什么吗？还是只是想抢走他们的钞票？您时常批评我为了艺术而艺术，那又怎样，我并不执意坚持奥斯卡·王尔德的观点是对的，但我们难道真的要为了生活而生活吗？我不想再与您发生争执了，上次会上已经争执过。没有什么确定的结果，唯一可以确定的是——您打不过我。我毕竟是个年轻人，所有能记起来的规定都不能阻止我——揍您，这是一种激情，想起来大概和对艺术的感觉有点儿类似。

我要离开了，确切地说是辞职。再见。最后我想说，发自真心的，我尊敬您，深深地；虽然我揍了您，请您相信我，我全身心地爱您，直到永远。

✉ 原作概要

罗伯特·詹姆斯·沃勒（1939—2017），美国作家、摄影家、音乐家。代表作《廊桥遗梦》。其文体风格体现在作品结构精巧、叙述优美、意象丰富、富有诗意。

✉ 技巧与心得

这封辞职信以《廊桥遗梦》中主人公的遗书为蓝本，模仿了罗伯特·詹姆斯·沃勒诗意的表达。

存在主义

加缪

style

职场局外人

 **辞职信**

老板：

今天，前任老板死了。也许是昨天，我搞不清。我收到一条短信："老板去世，明日火葬，上午不用上班。"它说得不清楚。也许是前天死的。

火葬场在西郊天山陵园，离公司不远。我明天乘上午九点钟的公交车去，十点到，赶得上悼念仪式，下午即可返回。从陵园站牌下车，离殡仪馆还有一公里，我是走着去的。入口门楣处有一块黑色的 LED 屏，滚动着"沉痛哀悼老板赵古浦同志"几个字。

穿过安检门走进去。同事已经到齐，排成长队分立房间两侧，他们背后是二三十个花圈，靠墙放着。花圈上下两层，款式大小完全一样。

"你怎么没带个花圈。"同事孙红霞把手帕从鼻子上挪开，嘀咕道，"拉链拉上，你怎么还穿花衬衣。"我不知道该怎么回答，便按她吩咐把外套拉链拉到领口，在队伍中站定，正对着老板遗体。

孙红霞是隔壁办公室的文员，乳房特别大。此时，我稍稍一低头就能看见她衣服领子底下的大半截巨乳。

主持人开始读追悼词："赵老先生一生光明磊落……"起初我听了几句，后来就不听了，专心看孙红霞的乳房。

"今天上午算上班吗，不会给我们算请假吧？"是赵斌在说话，他站在孙红霞右侧，目光从孙红霞移到摆放尸体的黑棺木上，上面有几朵白色、黄色的假花。赵斌使劲儿用手背揉搓眼眶，布满血丝的眼睛看起来像哭了一夜的样子。

"今天不算请假，正常发工资，昨天人事说的。"孙红霞回答。

"那就好。"赵斌若有所思地点点头，片刻他好像又想起什么，"公司，我说公司，咱们还继续干下去吧，不会解散吧？你知道，老板死了。"

孙红霞轻轻摇头："这个老板死了，会有下一个老板来接手的。"

***

老板，第一次见面，你正坐在前任老板的牛皮椅上。

"小伙子，听说追悼会上你穿了花衬衫，是有这回事吧？嗯？"你问。

"是。"我确定地回答。

"为什么？为什么穿花衬衫？"

我的脑子开始回忆上午追悼会的场景，以及在去往追悼会之前的公交车，天有点闷，我被黑压压的人群挤到公交车的尽头，穿了什么衬衫我低头看，就是这件，现在穿的也是这件，藏蓝色的底色上印着几片树叶，树叶中间夹杂着几朵小花。

你见我久久没有开口，显得有些不安："你跟他有仇？"

"有仇？"我重复你那句话的最后两个字。

"你连个花圈也没送，没掉眼泪。"

我不知道你想说什么，就站在原地没动。突然，你停下说话，从牛皮椅上站起来，绕过办公桌，来到我跟前，右手搭在我肩膀上，低头凑到我耳边："那天你还一直看孙红霞的奶子，是有这回事吧？嗯？"

我不知道你问这个问题是什么意思，但我觉得人生在世，不能说谎，也不应该装糊涂，更不该演戏，于是我便回答："是的。"

你向后退了一步，像看一个怪物一样看着我，思考了约三分钟，又回到椅子坐下："咱们打开天窗说亮话，你知道，我刚刚上任，是这么回事吧，嗯？现在公司还有很多人不是我的人，你懂吧？我的人——现在他们还都不是我的人！你知道做一个老板有多难吗？不仅要那些人为我做事，还要那些人的心是向着我的，你懂吗？现在我要问你，你是我的人吗？换句话说，以后，你是我的人吗？"

听到你兀自说了一大段话。我也不知道这和工作具体有什么关系，便说："我可以是你的人。"

你听到这个回答似乎很满意，再次从椅子上站起来："算我没有看错你，你是一个……嗯……怎么说呢，一个老实人，我也是一个老实人，说起来，咱们有共同的品质。"

听你这么说，我也高兴起来。

"这个月法国有展会，不知道有多少人想去。我派你去怎么样，顺便可以旅游几天，去看看巴黎铁塔，看看多瑙河。怎么样？嗯？"

"去不去都行。"我回答。

"去不去都行？这是什么意思？"

"就是说，去也行，不去也行。"我站在原地。

你在办公室来回踱步："行吧，那就这样。唉，不管怎么说，你都是个怪人。"

我是个怪人吗？我思量着。

你接着说："真搞不懂你，以前有个聪明人说'谁能领导怪人谁就能统治世界'，我猜这话不假，你说呢？嗯？"

"我不知道。"

"你不知道，你又知道什么呢？你只知道自己有把握的那些，但你可要小心了，小心那些切实存在着的，活在自己的世界里的人很危险。你说呢？"你在我面前站定。

我说："我不知道。"

"你不知道！你不知道！"你吼起来，脸色看起来似乎是生气了，"说实在的，你让我感到害怕，如果有一天有人掐住我的脖子，把我勒死，我就会猜那是你干的。你还是别在这上班了，我看你可以去当个存在主义哲学家！你说呢？嗯？我看我是用不起你了！明天我就跟人事说，把你开了！"

"不过，话又说回来，你已经在这工作三年了，合同期还没到，就这么把你开了，得给你赔一大笔钱，我算算得赔多少。"

你拿起一台计算器，按了几下按钮："哦，大概几万吧，一大笔钱。但我不想赔你！你懂吗？嗯？我不想赔你！所以，你可以自己申请辞职吗？"

"可以的。"

"那么好。"我听到你松了一口气，"你是一个老实人，你是个老实人，说过的话一定是算话的，现在马上去写辞职信！"

"好的。"我转身离开老板办公室。

带上门的那一刻，我看到你走回办公桌后，疲惫地倒进椅子，长长舒了一口气。

　　回到办公室，我就写了这封辞职信。孙红霞告诉我，辞职信除了写明辞职理由之外，最后一定要加上：由于个人原因，本人申请辞去现任职务。

　　我已经写上了，对于整个故事，辞职的理由我也已经敞开心扉。此时，我感到这个世界是荒谬的，但这种荒谬就像我自己一样，所以整个世界都是友爱融洽的。至于我个人，我想，我的过去是幸福的，现在仍是幸福的。

✉ 原作概要

加缪（1913—1960），法国作家、哲学家、剧作家、存在主义文学（在存在主义哲学基础上产生的一种文学流派）代表人物。代表作《局外人》在语言上故意使用异常冷静的语气陈述日常琐事，故意进行沉闷、呆板的叙述，克制情感表达。

✉ 技巧与心得

这封辞职信模仿《局外人》并集中体现上述特点，以及在一定程度上体现了存在主义的生活态度。

超现实主义

萨尔瓦多·达利

style

我要像梦一样自由

老板:

　　我走了。

✉ 原作概要

    萨尔瓦多·达利（1904—1989），西班牙加泰罗尼亚著名艺术家，超现实主义运动（兴盛于20世纪上半叶的一次西方现代艺术运动，指作品旨在挖掘潜意识，主张推翻写实的传统理念，打破逻辑和有序的经验，展示人的心理真实和超现实的彼岸世界）的领导人物。常使用诸如人物飞翔在天空、时钟软塌塌地挂在树枝等让人产生精神错乱感觉的意象组织画面。

✉ 技巧与心得

    这封辞职信采用了经典的达利风格元素，包括挂钟、飞人、蝴蝶权杖、笼子等。图画使用PS和procreate软件制作，模仿《记忆的永恒》。

史诗

荷马

style

辞职英雄

 **辞职信**

我任职公司的老板、主宰、员工的将领，

请听我说，我想要讲的是胸中的心里话，

职场的征伐和一个人辞职的故事。

只要你愿意仔细听我说，你就会了解，

如树叶的枯荣，职场的更迭也如此。

秋风将树叶吹落到地上，春天来临，

新芽萌发，又会长出新的绿叶。

职场上的员工也是这样，一波出生，一波凋零。

这些事定会实现成为事实，

我正是要这样辞职离开，度完职场的命运。

当我离开城市逃往平原，我的事业没有完成。

虽然我胸中痛苦，可是在老板的职场大厅里，

我的心灵不再使自己停留。

我曾为老板挣得财产和金钱，

赢得荣誉和礼物，

可是岁月让我看清了事实。

老板从不与员工并肩战斗，

残忍为怀，邪恶成性，阻挠我的心。

因此离开的时候我要对你说明，发出庄重的请求，

请让神样的英雄的儿子捷足先辞。

我已不再像在职员工习惯比蜜还甜的阿谀，

而要向你倾诉胸中心灵的声音，

大声说出有翼飞翔的话语，

我们曾经在吞食灵魂的战争中打斗，

相逢作战，又在友谊中彼此告别。

在郑重的离别时刻，请听捷足的员工的话，

对于命运的安排，我的心中没有怨恨，

我的心很乐意宽恕你。

再见。

✉️原作概要

荷马（约前9世纪—前8世纪），古希腊游吟诗人。《荷马史诗》即相传为其作品。史诗分为《伊利亚特》和《奥德赛》两部，语言风格是经典的史诗体风格，郑重、庄严、富于装饰性，常以日常生活、劳动和自然界的现象进行比喻。

✉️技巧与心得

这封辞职信戏仿了荷马史诗的风格，在形式上采用了史诗中常见的人物对白的口吻，使用了明喻的手法和《荷马史诗》中常见的词语。

意识流小说

普鲁斯特

style

追忆辞职时光

 **辞职信**

老板：

　　人生中是有些出神入化的时刻，当前偶然获得的某种感觉诱使昨日重现，于是我们感到自身持久存在的幸福，知道自己的快乐并未被囚禁在一方小小的天地之中。

　　在很长一段时间里，我都是早早就下班了。有时候，无事可做，挂钟的指针已经指向那个时刻，我也咕哝一句："可以下班了。"半个小时后，才想起今天的工作已经结束。我一直在思考刚才做的那些工作，只是思路有些特别；我总觉得那些遥远的事情，什么梦想、修身、付出和回报都与我有直接关系。这种念头直到我意识到确实是下班了之后还延续了几秒钟；它倒与我的理性很不相悖，只是像眼罩似的蒙住我的眼睛，使我一时察觉不到指针已经滑落。后来，它开始变得模棱两可起来，好像是上辈子的思想，经过还魂转世来到我的面前，于是思想的内容与我脱节，愿不愿意上钩全凭我自己决定；这一来，我的视力得到恢复，我惊讶地发现周围已经漆黑一片，办公室里，人已经走空，无人开灯，这黑暗使我的眼睛平静下来，但也许更使我的心情感到亲切而安详；它简直像一种没有源头、神秘莫测的东西，名副其实却让人摸不着头脑。

我情意绵绵地把腮帮贴在尚未改完的方案上，鼻间传来打印机墨粉的味道，空气变得更加清新；如果静电可以发光，我的脸庞一定笼罩在一片朦胧的光芒之中，此时我仿佛就看见了那种光，和黑暗之中漂浮的微尘、时间的游丝。

我睡过去，有时片刻醒来，听到办公桌的木质纤维格格地裂开，睁眼凝望着黑暗中光影的变幻，凭着一闪而过的意识的微光，我消受着笼罩在键盘、屏幕、书架、桌椅乃至一切之上的朦胧睡意，我只是这一切之中的小小的一粒微尘，正从酣睡中苏醒，很快又重新同这一切融合在一起，同它们一样昏昏无觉。

有时候我在梦中，毫不费力地回到我入职之初的往昔，岁岁年年，日月星辰，井然有序地排列在我的身边。醒来的一刹，我本能地从中寻问，须臾间便能知道我和地球在宇宙中占据了什么位置，但随着一刹那的时间的流逝，时空的序列便开始混乱，甚至断裂，我感受到已经发麻的手臂，有一瞬间我怀疑这条手臂是谁的，这里究竟是何处。一种最原始的存在感在精神松弛的时刻紧缩，就在它像一个关闭的时光大门在一个点处一闪变暗之前，我确定这是几乎所有生灵都会有的感觉。沉沉的黑暗之中，我能感受到一切都在静止，或者说我的思想面对着事物是静止的，才把静止的属性强加给万物；当我白天清醒的时候，那一切都在拼命地活动，键盘上的字母帽，屏幕上的像素光点，空气里的振动都会旋转起来。

我的身子麻木地无法动弹，日月星辰的顺序已经乱了套，有点像混沌之初，一边，光芒四射的太阳如流动的金球包裹在荒古的熔岩之中；另一边，却是一个生铁一般的月亮。一个家伙似乎是从梦中苏醒，她揉揉眼，站起来，叹了口气，她似乎从未感觉到这么无聊。一个画外音说道："她要创造新的痛苦和悲伤。"羽蛇、熊罴在相机底片上显影又消失。蛇躯巨人随意捏作几个泥人，在办公桌前坐下。到底什么才是这皮囊安息之处的名称？岁月、地域、沉沉的黑暗搅动着一切能忆起的名词旋转，墙壁也旋转起来，书架、桌椅，随着想象中的形状，它们旋涡一样，在黑暗之中，转动不止。

我觉得自己快要死过去了，而不是睡过去。好在此时，记忆像救星一样悄然而至，是关于这个房间的，关于键盘上的字母帽跳动的理由，关于屏幕上像素点组成所显示的内容，这些记忆此时还如同打散的拼图碎片，直到凹遇上凸，凸遇上凹……我的思想才从房间外的门槛走进来，——核实过这里。

哦，这里是办公室，而我，是一名普通员工，正在加班，写这封辞职信。

✉ 原作概要

普鲁斯特（1871—1922），法国著名小说家，意识流文学（在概念上融合威廉·詹姆斯的"意识流"理论、弗洛伊德的"无意识"和伯格森的"心理时间"学说，在创作方法上，多运用大量内心独白，主张内心真实，淡化故事情节，重点表达人物多层次的意识活动，尤其热衷表达潜意识）的先驱与大师。代表作《追忆似水年华》。

✉ 技巧与心得

这封辞职信模仿了《追忆似水年华》的表述手法，并在其探索和展现的潜意识内容中体现了民族化的特点。

手稿

达·芬奇

style

辞职手稿

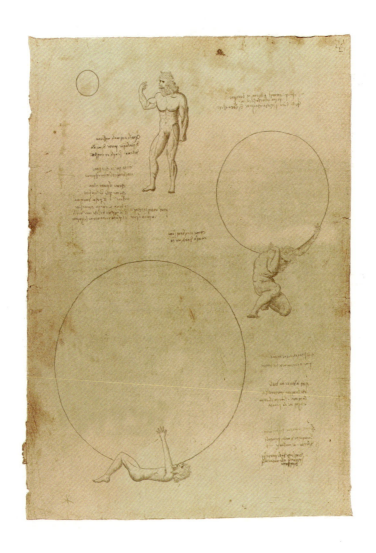

✉ 原作概要

达·芬奇（1452—1519），意大利画家、科学家、发明家，文艺复兴三杰之一。除了传世的油画，达·芬奇还是一位在自然科学领域的优秀探索者，一生留下众多卷帙浩繁、覆盖众多领域的研究手稿。

✉ 技巧与心得

这封辞职信模仿了达·芬奇手稿中的一幅，并以连环画的形式表现职场压力巨大。图画使用 procreate 和 PS 软件绘制。

言情小说

塞林格

style

破碎辞职故事之心

辞职信

老板：

　　给你写这封辞职信的是你的公司一名日薪 100 元的小职员，在公司工作三年，至今单身。

　　三年里，他每天都坐在这间小小的办公室里，热烈地渴慕着他的爱人。

＊＊＊

　　老板，以上是我的辞职信的开头，对于写辞职信这件事，我是认真的，因为这次辞职不是关于薪资、晋升等世俗小事，而是关于神圣美好的爱情。

　　很明显，你一下子就明白了，这是一段发生在职场的单相思故事。可是，办公室的单恋故事，究竟该怎么进行下去呢？是否应该像俗套故事里的男孩爱上女孩那样，让男孩主动出击呢？我陷入沉思，整整三年，一直在思考这个问题。

最终，我写了这封信。

你叫雪莉吧，好美的名字，在很长时间里，呼你老板时我都在心里温柔地默念它……我衷心希望我正在说和将要说的话不会让你感到烦恼或尴尬。请原谅，我不曾表露心迹，也从来没有想出过什么引起你注意的办法，可是，如果你稍稍留心的话，也许就会发现我经常对着你的眼神发呆。对不起，我不是故意要做这么愚蠢的事，我总是很笨，有点呆。可是你也知道，恋爱中的人总是愚蠢的。我爱上了你的眼神，万物如谜的静默就在你的眼神闪动的那一刻徐徐低语，请原谅我模棱两可的表述，因为我实在想不出恰当的词来形容我的感受。

三年前我开始从事这份工作，对于工作来说，在这三年里，我从来没有开心过，也没有不开心过。说起来，我和世界上成千上万的年轻人没什么区别，都只是活着罢了。我从农村来到城市，想变得有钱、有型。但三年过去了，我意识到我不会变得有钱、有型。我是个优秀的员工，仅此而已，也许算是个有经验的老员工吧，我能做好自己分内的工作。可有一天主管去休假了，我替他的班，结果我把事情弄得一团糟。我一点也不擅长高高在上对别人发号施令，同事让我"见鬼去吧"。我知道我不会有机会升职，即使是一个小小的主管。但就算这样也无所谓，爱你是我唯一重要的事，雪莉。原谅我一如既往的冒昧。

有人认为爱是性，是婚姻，是清晨六点钟的吻，是一堆孩子，也许真是那样的，雪莉。但你知道我是怎么想的吗？我觉得爱是想碰触又缩回手。

我想，对于一个女人来说，嫁给一个在外人看起来富有、成功、体面或者受欢迎的男人是很重要的。但我连受欢迎也谈不上，甚至没有人讨厌我。我是——仅仅是——一个不起眼的员工而已，既不会让人愉快，也不会让人生气，哪怕是让人厌烦也不会。我想人们觉得我是个好人，仅此而已了。从小也没有人说我招人喜欢，或者说过这个孩子有前途之类的话，如果他们非得说些什么，他们会说，这个孩子的牙挺白的。

雪莉，当普通的我从你的身边消失时，我相信也只是消失了，并不会给你的生活带来一丝涟漪，除了这封信，雪莉，再见。当你读到它的时候，我已经辞职并离开此地。但在离别之际，请你接受我的告白，我爱你。

即使你一无所知，我也已经满足。何况在这么多年之后，我惊讶地发现时间尚未能把爱情思恋的煎熬抵消，事到如今，我想你那姗姗来迟的轻轻喟叹之声也是对我不幸相思最好的报偿。

永别了。

✉ 原作概要

塞林格（1919—2010），美国作家，代表作《麦田里的守望者》是一部享誉国际的著名作品。此外，短篇小说《破碎故事之心》《逮香蕉鱼的好日子》等也广受好评。《破碎故事之心》是一篇戏仿并反对俗套"男孩遇到女孩"故事模式的小说，因塞林格精彩的心理描写而成为众多读者心中不可磨灭的爱情的经典。

✉ 技巧与心得

这封辞职信以塞林格的短篇小说《破碎故事之心》中的激烈又克制的情感表达方式为模仿对象。

公路小说

凯鲁亚克

style

在辞职路上

 **辞职信**

嘿，老板！

　　你好。

　　我是在突然离开公司一年多后才想起写这封辞职信的，这一路上根本没有什么时间写信，此时我正跟着一个家伙跑进酒吧坐下，突然想起了你，因为我突然领悟到，这辈子我喜欢跟在我感兴趣的人后面，曾经你也是那样一个，但没有眼前这个家伙疯狂，他疯狂地开车，疯狂地讲话，希望得到所有东西，从不谈论或满足于平庸的东西，就像罗马焰火筒那样在夜空中燃烧，喷发出灿烂的火焰。

一

　　去年的星期二或者星期三，天气很好，下午四点钟太阳变成了红色，我爬上公司楼顶，环视周围，一切如旧，我转得头晕目眩，以为自己会像在梦中一样摔下去。哦，辞职以后要去哪里？我思量着四下寻找，正如已经在下面那个职场世界上到处寻找过一样。远方是原始浑厚的东方大陆；极目望去，面前是大雾弥漫的都市。

　　第二天早晨，同事们还在睡觉，我悄悄收拾好行李，就像当初来到这里那样从窗子爬出去。早晨我站在无边无际的天空下，看着未醒来的城市，周围一切都被黑暗淹没了，去哪里？干什么？为了什么目的？——我的思想混乱不堪，我不明白为什么，我只知道我就像被困在某个城市里的疲惫的天使，正准备去发现生活中最美妙的东西。出发，奔向美好的生活，是时候了，我们总会把握好时机。

二

午夜我在提款机的玻璃房里被保安轰起，我一直走，走过混凝土浇盖的建筑，走过弥漫淫荡气息的城市，走过垃圾堆，走过灰暗的黎明，走过人们上班的地方，走进荒野，走进山岭，走进沙漠。

现在我也不知道我在哪里，当地人叫这里是狮泉河，但地图上找不到这个地方，我只知道这里是青藏高原，拉萨离这还很远，天很蓝，云彩很白，风很大，夜里能看见漫天的星星，还有一条没完没了的路，一切怀有梦想的人们，都走在这条路上，我知道这时候的职场是个允许孩子哭喊的地方，一定有孩子在哭喊。我知道今夜有很多星星，你知不知道大熊星座就是上帝？今夜金星一定低垂，在祝福大地的黑夜完全降临之前把它们所有的光点洒落在草原上，使所有湖泊都变得暗淡，除了衰老以外，谁都不知道谁的遭遇。

老板，再见！

我会一直走下去的，假如没有幸福，永远也不会止步，永远年轻，永远热泪盈眶。

✉ 原作概要

凯鲁亚克（1922—1969），美国作家，垮掉派代表人物。《在路上》是公路小说的典型。公路小说是按照内容（主要描写旅行路上的故事）分类的一种小说形式。凯鲁亚克的风格特点是毫不考虑行文结构，随心所欲，不雕琢语言，常运用俗语，常含有神话性质的典故，呈现出一种自动写作的风格。

✉ 技巧与心得

这封辞职信模仿了凯鲁亚克的文风，在内容上也略呈现了垮掉派的行事风格，主要模仿《在路上》。

抽象艺术

康定斯基

style

辞职构成第九号

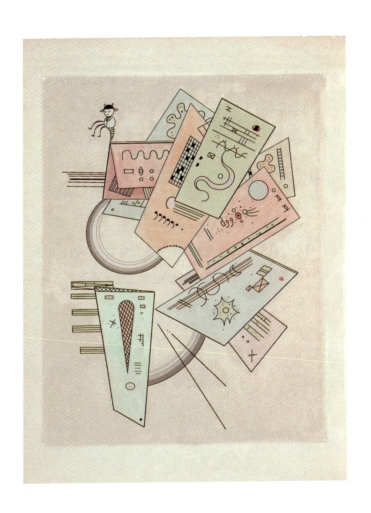

✉ 原作概要

康定斯基（1866—1944），出生于俄罗斯的法国画家、美术理论家，抽象艺术（指对真实自然现象予以简化或完全抽离的艺术）的先驱。

✉ 技巧与心得

这封辞职信以简化的形式呈现了一系列辞职信，内容由点、线、面和色彩的组合形式组成纯粹的造型世界。模仿康定斯基的一幅草图，图画使用 procreate 和 PS 软件绘制。

十四行诗

彼特拉克

style

告别职场

 **辞职信**

老板：

我拖着沉重的脚步踽踽前行，

舍不得离开这个曾工作过的地方。

怀念着心灵恢宏的年轻时光的馈赠，

我一边走一边回头叹息："别了，我的梦乡。"

痛苦撰写的时光全都化为泡影，

失落的我不知何时才能重新升起心灵的期望。

把锁链系在别人的腰间艰难讨生，

岁岁年年它让我少年的容颜变得沧桑。

像一条游荡的帆船在巨浪和礁石之间驰窜，

彷徨中我无处安身——又惧怕辞职，

我的心时而热烈得像火，时而冷若冰山。

我默默地走了，只留下片语只言，

愿你在尘世的职场继续为幸福而驱驰，

我只愿自己的眼泪在脸上静静地风干。

彼特拉克（1304—1374），意大利诗人、学者，被誉为"文艺复兴之父"。其最擅长十四行诗，是十四行诗早期最著名的实践者，后人将"四、四、三、三"的诗体结构称为"彼特拉克诗体"。十四行诗通常由四部分组成，前三部分分为三个三到四行的诗节，其中蕴含"起承转合"的内在关系，最后一部分是一个双行或三行的结尾，起到升华、点题或总结的作用。

✉ **技巧与心得**

这封采用十四行诗形式的辞职信使用了"彼特拉克诗体"，并采用了 ABAB ABAB CDC CDC 的韵律格式，参考《歌集》。

哲学

翁贝托·埃科

style

辞职信和鸭嘴兽

辞职信

老板：

您好。

辞职信和鸭嘴兽有什么关系？什么关系也没有，就像康德和鸭嘴兽没有半点关系一样，它们不可能有任何关系。这就足以说明这一标题的合理性以及两者风马牛不相及的并置看起来是对博尔赫斯的古代中国百科全书的致敬。

呈现在您眼前的是一封辞职信，或许您会有疑问——哦？一封哲学辞职信会写些什么呢？这是一个非常好的问题——这封辞职信写些什么——这个问题非常棒。从一个哲学家的角度来看，在探讨这封辞职信的内容之前，通常应该首先关注的是——这封辞职信是什么——当然这无疑更为重要。

在弄清楚一件事物的本体之前就去探讨它的表现，这是极为不妥的，所以我们应该尽自己最大的努力去明确一件事——这封辞职信究竟是什么？

让我们想象一下，有一天徐霞客来到澳大利亚的一处山洞。在那里他发现一只鸭嘴兽正趴在水底。徐霞客久久地注视着这只动物，发现它有河狸一样的尾巴，四只脚上有猫一样的钩爪，脚趾之间有鹅一样的蹼；它的身上长着鹿的纤毛，头上长着一个鸭子一样的喙；它像鱼一样生活在水底，却通过下蛋的方式产子，又像猪和羊一样用乳头哺乳。徐霞客大吃一惊，该怎么定义这只动物呢？它看起来就像是用许多其他动物的碎片拼接起来的。但倘若他有一定的生物学知识，他会知道鸭嘴兽已经在地球上生活了 2500 万年，比许多其他动物早得多。

在办公室桌子上发现这封辞职信的您也许也会面临和徐霞客一样的境地，在判断这三张纸究竟是什么东西的问题上产生类似的困惑。首先，您看到这三张纸的规格是普通的 A4 纸，上下叠放着，纸面上写着字，黑色的，仔细看字迹的笔画顿挫能发现它们是圆珠笔写成的，字并不怎么好看。从以上特征来看，它具有稿件、邀请函、情书、便签等事物的部分特征。但从标题的前三个字和它的正文这个具体特征来看这像是一封辞职信。您读了第一段，从"这封辞职信"几个字您断定这就是一封辞职信。

好了，现在我们再来回顾一下刚才这个过程是怎么发生的。首先，这封信是我之前就放在您办公桌上的。当您回到办公室，看到它的时候，它是以一种物体自然表现出来的视觉特征反映到您的眼睛里后进入您的意识的；在此之前您也许会做出一个知觉的预先推定，然后在仔细审查它的过程中逐渐加入您经验的类比和一般经验性思维的共设，再做出具有分析和综合特征的判断，最后得到结果——这是一封辞职信。哦，真是一个完美的过程！这是您的理性、感官、想象力、统觉同时作用才会做到的一件事，您成功了！

这太让人感动了（我的感动是发自真心的）。在整个哲学史上，这是前无古人后无来者之事，您是个天才！我并不是在恭维您，请相信我。如果您有所怀疑的话，我们不妨把历代的哲学家请过来，看一看就在那个场景里，他们会说些什么。

好了，开始，有一个家伙走进您办公室，看到这三张纸……

***

这封信只是真正的辞职信的理念的倒影罢了，真实的辞职信只存在于真实的世界里。

——（柏拉图主义）柏拉图

这封信是作为辞职潜在的真实性而真实地存在着。

——（亚里士多德学派）亚里士多德

根本没有辞职信这回事，辞职信只是一个词，它并不命名任何事物。

——（逻辑学）奥卡姆

这封辞职信实际上是心理世界和物质世界两种实体中任意一个的特征。

——（理性主义）笛卡尔

辞职信是由不可分割、无法被理解的某种单子构成的。

——（理性主义）莱布尼茨

辞职信？你打我一下试试，真的，你打我一下。

——（经验主义）休谟

请带有批判性地思考一下，在普遍情况下我们在认识这是一封辞职信时的认知与它的物自性和现象，基于你的判断的逻辑形式在于其中包含的概念的统觉的客观统一性是否相悖。

——（先验唯心主义）康德

认识一封辞职信实际上是一个把肯定性与否定性综合起来的过程。这是一封辞职信，因为它不是一张决斗邀请也不是一架飞机，这个过程是思想、语言和存在的本性，这是一个由否定性产生肯定性，又由肯定性产生否定性的体系。

——（客观唯心主义）黑格尔

辞职信是辞职意志之表象。

——（唯意志主义）叔本华

辞职信是对以权利意志对权力意志的反抗和对超人精神的追求。

——（唯意志主义）尼采

辞职信是无法被思考的。

——（存在主义）克尔凯郭尔

恶心。

——（存在主义）萨特

辞职信是一个符号，在各种类型的社会结构中存在的一种为所有社会所具有的共同特征。

——（结构主义）列维－斯特劳斯

我根本不知道他们在说什么！只有您才是我的真正知音，只有您确认这是一封辞职信，至于它是关于什么的，您是懂我的——当然是关于我的辞职。辞职信就是用来辞职的。

请在最后签名，谢谢。

再见。

✉ 原作概要

翁贝托·埃科（1932—2016），意大利哲学家、符号学家、历史学家、文学批评家、小说家。作品擅长进行理性思考，喜爱旁征博引，通过把知识、趣味甚至悬疑结合起来营造可读性。

✉ 技巧与心得

在封辞职信以《康德和鸭嘴兽》为蓝本，通过幽默的写作方法将艰深的哲学理念通过辞职信这一角度进行趣味性呈现。

超级英雄漫画

斯坦·李 *style*

老板，锅我背走了

背锅侠再度出击

✉ 原作概要

斯坦·李（1922—2018），美国漫画作者、编剧、演员，漫威漫画公司董事长和发行人。漫威漫画的主要风格表现在人物在视觉上充满力量，内容多与搏斗有关。

✉ 技巧与心得

这封辞职信用漫威漫画的风格塑造了一个辞职主角，他以身背一口大黑锅的形象出现，但仍旧充满力量。图画使用 procreate 软件绘制。

浪漫主义

莱蒙托夫

style

**反复说着离
别的话……**

 **辞职信**

老板:

反复说着离别的话,

你的心却满怀着希望;

你说我还会有下一份工作的,

你大胆相信我会有……但我怎么想呢?

别去管在职场中遭受苦难的人! ——你可安心?

无论那不用上班还有钱花的神圣世界在什么地方,

很多人对每份工作都无愧于心!

但对我,一次就已足够。

不堪忍受职场的人,

怎能朝无限的境界进发？

这种永恒会把我压得粉碎，

加班也令我惧怕！

我已把往昔永远埋藏，

对未来也不再挂念，

职场拿走的尘世中的凡物，

决不会将它归还……

✉ 原作概要

莱蒙托夫（1814—1841），俄罗斯诗人，俄罗斯文学史上最重要的文学家之一。其风格深受浪漫主义影响，主题深刻，对人的内心有深刻的揭示，诗歌风格长于抒情。

✉ 技巧与心得

这封模仿莱蒙托夫风格的诗歌来源于《反复说着离别的话……》。

无赖派

太宰治

style

职场失格

 **辞职信**

老板：

我曾见过一张那个男人的照片。那一张是大头照，员工刚入职时拍的、贴在工牌上那种，照片里他的脸俨然一副职场人的模样，只是他的微笑让人感到莫名的厌烦和阴森。从表情看，他似乎掌握了一些人类微笑的技巧，却丝毫没有展现出活人的气息，仿佛只是在徒然等待生命的消亡。

第一手札

我的职业生涯，尽是可耻之事。我总是无法理解人类职场生活的头绪。我从不曾为生计发愁，形单影只，亦不懂得上有老下有小的滋味，我倒是并非要傻乎乎地说明自己每个月拿着几千块的工资，只是从工作以来，我不曾体会失去工作和食不果腹的滋味。总之，我不懂同事入不敷出的痛苦的性质和大小，我完全捉摸不透，即使如此受苦，他们依然不想辞职、不会发狂、纵谈理想、毫不绝望、毫不屈服，继续与工作作战。他们这样活着是为了什么呢？他们变得自私自利，甚至视其为理所当然。……我搞不懂，当我努力以其他人的风格行事以获得同感之时，我越发惶恐不安，仿佛自己是职场中的异类。我与同事几乎无法交谈，因我既不知道该谈些什么，也不知道从何谈起。

第二手札

秋夜寒凉。事到如今，写下这封辞职信的夜里，我竟然记不起三年里都做过些什么，遇到些什么人；没有一件事留在我的记忆里，除了女人、烟酒和娼妓，我什么也记不起，工作的事务、同事的面庞、公司的名字也渐渐在我脑海中模糊。

我不知职场上的人心究竟有多复杂，多恐怖；是贪欲还是虚荣，或者说是"色"与"欲"两者并列在一起。我不知道。每天夜里当老板娘偎依在我怀里说着"你把我当成亲姐姐就好"时，我对职场生活的无奈和怨恨才会如烟消散，能带给沉浸在悲伤中的心灵希望的就只有香烟、女人和那微醺的玉杯了。

第三手札

身处这样的境地，最大的可悲在于我不愿随波逐流也从不反抗，我的精神逐渐陷入无止境的焦虑，我连罪人也称不上，恐怕最后只能成为一个疯子。最终等待我的绝不是职场，啊，那应该只有一处，一个没有烟、没有酒，也没有女人的地方。

现在，我的手边有一瓶海诺莫钦 ^①，一瓶卡尔莫钦 ^②。老板，请你不必感到害怕，这些药是我留给自己的。

三年时间已经过去，我对工作生出无止境的怀疑，职场生活再也无法引起我的一丝期待。我知道，我已失去了作为一个职场人的资格。这是我的最后一个请求，请允许我离开吧。一切都会过去的。

在所谓的职场中摸爬滚打至今，我唯一视为真理的就只有这一句话。

一切都会过去的。

后记

老板，我并不认识写下这三篇手札的疯子。我是公司的一名普通职员，今天在给领导打扫屋子时，在厚厚的一摞辞职信中偶然发现了它。这三篇手札和其他辞职信放在一起，却用细绳捆成三扎，

---

① 一种泻药。

② 一种安眠药。

最上面放着那张照片。

　　问及此事，老板表示没见过。老板娘叹了口气，神色戚戚地说："恐怕，他已经进了精神病院。"

　　"我认识他，个性率真、幽默风趣，只要不喝酒，不，就算喝了酒……也是个像神一样的好孩子。"

✉ 原作概要

太宰治（1909—1948），日本小说家，无赖派（又称为"新戏作派"，是一个具有现代主义文学特征的日本文学流派，其主要风格是强调表现人的内心真实，重视主观性、内向性，常以丧、颓废、消极、虚无、堕落、自虐和萎靡的形式来表现深刻思想主题）文学主要代表人物。

✉ 技巧与心得

这封辞职信主要模仿对象是太宰治的《人间失格》。

前卫艺术

草间弥生

style

消融在职场和宇宙之间

老板：

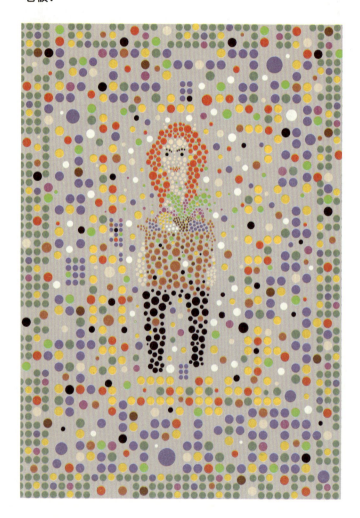

✉️原作概要

　　草间弥生（1929—　　），日本知名前卫艺术家，享有"圆点女王"称号。其作品通常由密集的波卡尔点构成，圆点消散在色彩之间，无边无际，让人产生一种游离在画面中的感觉。

✉️技巧与心得

　　这封辞职信运用了草间弥生的波卡尔点风格，描绘了辞职人打包个人物品离开办公室的瞬间。图画使用 procreate 软件绘制。

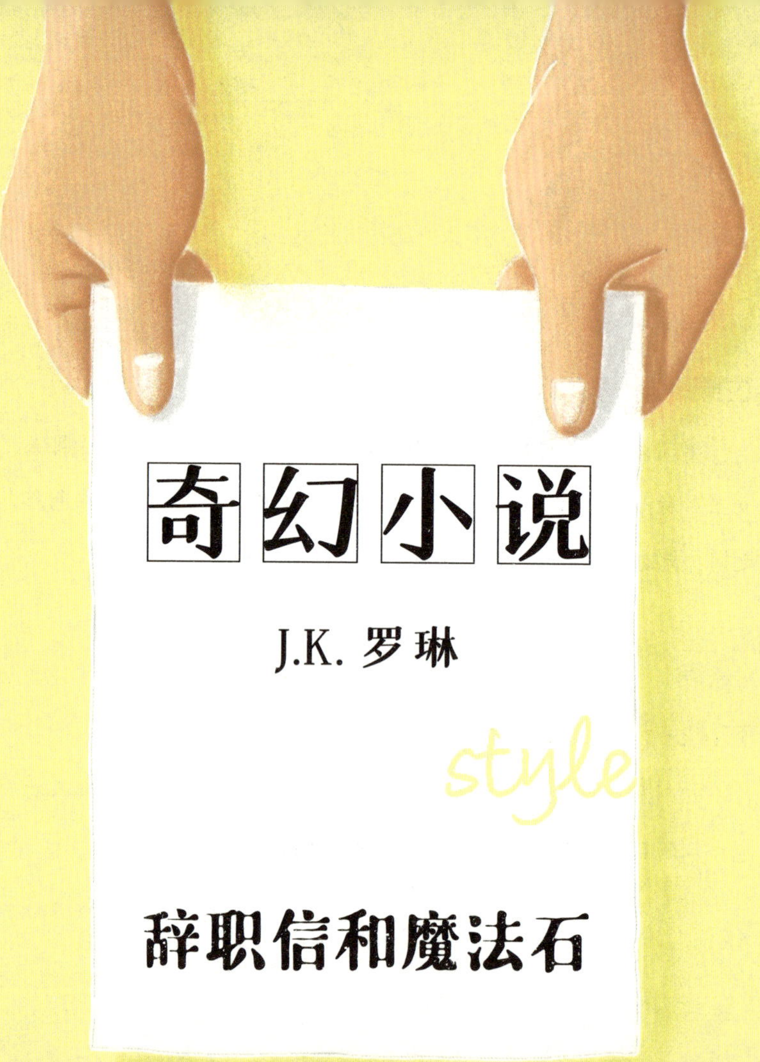
奇幻小说
J.K. 罗琳
style
辞职信和魔法石

辞职信

麻瓜老板：

　　我知道这是一家规规矩矩的公司，同事们都做着平常的工作，比如：开会，整理资料……总之，每个人都知道，我们在做的都是极其普通的工作。大家每一天都过得很好，可以说一切正常，早上八点上班，加班后离开。每个人都很平常，名不见经传，每天过着平凡的生活，不会有任何改变，你一定是这样认为的。

　　你可是大错特错！

　　我没有想改变你的小小世界观的打算，也没有什么恶意，或许恰恰相反。我要告诉你的事，也许会让你大吃一惊（但愿你不要大惊小怪）——我并不是普通人，而是一名魔法师，如今要从贵公司辞职。

　　至于辞职的理由，如果我随意编造诸如"姨姥姥去世""失恋""其他公司开出更好的条件"。也许你会更容易接受。但我不想这么做，而是想告诉你真相，因为今天是太值得庆祝的一天，是魔法师世界一两个世纪都难遇的大喜日子，甚至魔法部已经让天空下了一整夜的流星雨，你昨天有看到吗？全国的魔法师都在庆祝，因为——神秘人消失了！世界又一次得到了拯救。

我想让你和我们一起分享这份喜悦，请高兴起来吧！除非你觉得世界毁灭与你无关。

在此之前的三年里，神秘人一直在这座城市行凶作恶，几十名魔法师惨遭毒手，当然这并没有引起麻瓜世界的关注。因为这几十名魔法师在麻瓜世界扮演的身份只是诸如路边摆摊的算命师傅、收古董的、起名馆老板、公司咨询顾问、作家、文学编辑……

今天早上的麻瓜新闻里有一件小事，你一定不会关注，一座三层的民房发生爆炸，男主人和女主人当场身亡，他们仅一岁的儿子神秘失踪。这件事可是魔法界的大事，神秘人被那个一岁的男孩打败，离开了这里。今天所有的魔法师都在庆祝，欢呼那个男孩的名字——波特。

既然和你分享了这个故事，趁着开心，也不妨告诉你我的真实身份。如果你读过《古代巫术研究》这本书（在霍格沃茨图书馆很容易找到），就一定读到过这一段：

古代炼金术涉及魔法石的炼造，这是一种具有惊人功能的神奇物质。魔法石能把任何金属变成纯金，还能制造出长生不老药，使喝了这种药的人永远不死。许多世纪以来，关于魔法石有过许多报道，但目前唯一仅存的一块魔法石属于著名炼金术士和歌剧爱好者尼可·勒梅先生，他在去年庆祝了六百六十五岁生日，现与妻子佩雷纳尔（六百五十八岁）一起隐居于北京。

没错，我就是勒梅——世界上最伟大的炼金术士的妻子——佩雷纳尔。此行来到中国是勒梅的主意，他在写一本叫《比较炼金学》的书，最近几年，他对中国炼丹术着了迷。说真的，我一点儿也不喜欢这里，因为这里剧场上演的歌剧实在是太少了。

哦，抱歉，在办理入职的时候我用了陈慧灵这个名字，请原谅，对我们这样周游世界的魔法师来说，身份就像一件可以随时脱掉的外套。希望你能理解。

最后，还有一件事想拜托你。你知道了我们的真实身份吧？好吧，我再重复一遍——魔法师和炼金术士，当然是世界上最伟大的（之一）。

说起要拜托你的事，就不得再提起之前《古代巫术研究》中那段关于魔法石的介绍，这是一种可以让其他金属变成黄金，还可以让人长生不老的神奇石头，它还有一个学术名字——哲人石，在中国，你们习惯称它为金丹。

当这封辞职信像经过 26 次修改的设计方案一样出乎意料地出现在你办公桌上时，信的旁边还有一个破布包裹。谢天谢地，希望你没有把那个破布包裹扔掉，尽管它看起来非常脏。

请替我保存好这个布包，至于里面放的是什么，我猜你一定忍不住好奇打开看，人类总是这么好奇，那我不妨提前告诉你，你听好了，这里面就是历代皇帝渴求的长生不老药，用我们的话来说叫"哲人石"，你们的汉语译者草率地把它译成"魔法石"，随便了。过去几十年它一直保存在伦敦对角巷的妖精银行里，很多人都知道它在那里，包括已经消失的神秘人。勒梅觉得那里已经不再安全。中国有句老话，叫"最危险的地方就是最安全的地方"。所以我就想到了你——请替我们保管好它。如果在你的有生之年我们没有来取，请把它留给你的孩子，你的孩子的孩子……连同这封信一起。至于如何保管这块石头，请随意一些就好，因为人越是把一些东西盯得太紧，它就会越快离开你。你把它当成一块普通的石头就好了。

你想起我已经 658 岁了，却依然看起来像是一个二十七八岁的姑娘。或许你会想试试这块石头让人永葆青春的秘密。我劝你不要费那个精力，永葆青春或者点石成金自有一套艰苦的方法，绝不像你化妆的时候拿粉饼往脸上扑那么简单。

保管好它。

另外，说正事儿，这是一封辞职信，我希望你立刻、马上在上面签字，立刻、马上！哦，即使你没有那么做，我也不会动——把你变成一头猪——那种念头的，因为我的内心充满对人类的爱。（我知道波特是凭什么打败神秘人。另外不瞒你说，在中国把你变成猪还有一件麻烦事——需要向六道轮回流动性管理委员会提交申请或者补登记，其层层申报的流程异常烦琐，至于办事人员的效率和态度，唉，就别提了。）不过，还要提醒你，我丈夫的脾气一直不怎么好。

接下来勒梅要去印度。勒梅在炼丹术研究的最后关头，在古老的文献上发现了一些奇异的文字，据说那是梵文，为了解开这个秘密，我们必须去一趟印度。

祝勒梅好运吧，希望他能解开最终的奥秘。拜托，我只希望印度会多一些歌剧和诗歌。

再见，祝你愉快。

✉ 原作概要

J.K. 罗琳（1965— ），英国作家。哈利·波特系列小说作者。J.K. 罗琳的语言轻松诙谐、通俗易懂，充满绚丽的奇思妙想。

✉ 技巧与心得

这封辞职信模仿了 J.K. 罗琳的风格，以魔法师的第一人称口吻叙述，并借鉴了哈利·波特世界中的魔法元素，主要参考对象是《哈利·波特与魔法石》。

对话体

尼尔·唐纳德·沃尔什

style

与神对话的
辞职大师

辞职信

老板：

你将拥有非凡的体验。你将要与神进行对话。是的，是的，我知道，那是不可能的，你可能会认为（或曾经被教导）那是不可能的。人们可以对神独白，这没问题；但不能和神对谈。至少不会以写辞职信这种常见的方式，对吧？

从前我也是这么想的。然后这封信遇到了我。我是说真的。这封信不是由我写出来的，是它遇到了我。你阅读它的时候，它也将会遇到你，因为我们都被引领到我们准备好认识的真相之前。

今天恰好是我参加工作三年的纪念日，我的生活中出现了超凡的现象，神开始与你对话，通过我。

容我解释。

前段日子我非常难过，工作不如意，您经常把我骂得狗血淋头，我觉得我是世界上所有员工中最失败的一个。就在这一天，我按照往常拿笔在纸上写写画画，我有这样的习惯。

我究竟要不要辞职？我这样写道。就在这个问题之后，我眨了眨眼，然后想到了怎么回答这个问题，就把答案也写了下来：

没有别人能给你想要的答案，最伟大的答案是你内心的声音。

我接着写道：那究竟要不要辞职呢？

放下过去并且从中学习是人进入真相的关键。

要不要辞职？

聆听你的感受，感受是灵魂的语言。

要不要？

要永远存有正面的希望。

要，不要？

爱要及时。

爱？我问，我问的是辞职。

宽恕过去，宽恕伤害你的人，爱是能量，创造爱的能量场，行为的表面没有答案。

你是谁？谁在回答我的问题？

我是从矩阵中脱离的扬升大师，在成为超乎光的存在之前，曾有过你的体验。

你可以出现吗？

我完全超脱了时间的连续存在，不再拥有物质的身体和情感的

人格，我出现在你心里。

你为什么跟我说话？

爱是生命最重要的课题，对任何拥有自由意志的生命也是同样。

我是谁？

管道。

管道？

到目前为止，与我同样的扬升联盟的成员们只能用间接的方式与地球人互动，我们需要中间人充当沟通的管道。

为什么？

人类的振动频率与我们之间的差异太过悬殊。

话说回来，我到底要不要辞职？

你过去爱你的工作，接着毁了它，然后再去爱。这是人类的本性。

那我该怎么做呢？

基于爱去行事，不是恐惧，也不是欲望。

怎么做？

时刻警惕。

辞职？

现实是由观念决定的。

够了！我要你告诉我，是辞职，还是不辞？

你已经做好了准备。

好吧，你说得对。那我辞职啦？

没有别人能告诉你答案，神也不能。

哈，你说过辞职的表面没有答案，是这样吗？

没错，去体验和感受。

我要辞职？

止于至善。

你为什么不正面回答我的问题？

无话可说。

那你跟我说的是什么？

我的意思传到你的意识里时被太乙层和星光层拦截了，他们把各自关于爱的解释强加于上。

他们为什么要这么做？

那是他们的作用。

我该相信谁？

你自己。

怎么相信？

静心，冥思。

（数小时后）那我可要辞职了！真的！

无关紧要。

好吧，那我辞职了！

✉ 原作概要

尼尔·唐纳德·沃尔什（1943—　），美国作家，《与神对话》系列作者。

✉ 技巧与心得

这封辞职信模仿了《与神对话》中的对话体结构和其轻松幽默的语言。

后现代主义

博尔赫斯

style

辞职百科全书

辞职信

老板：

我凭借一部有镜子的百科全书辞职。

这件事起因于 1928 年 3 月的最后几天，也就是巴尔萨塔编写完《辞职百科全书》的第七千八百六十一页，他伸了伸冻僵的手，再一次握住鹅毛笔，从墨水瓶口刮掉余墨，写道：是谁把我扔进这职场苦难的梦中，每天都注视着我的兄弟们所走的路，日日夜夜。

"夜"字引起了我的注意，这意味着当太阳潜息之后，巴尔萨塔仍行走在职场的沙漏之中，不管他写下这句话的时候是否也在加班，接下来的内容更显出奇：我要写一封辞职信，这封辞职信要用第一人称，其叙述者要省略或者歪曲许多事件，引起各种各样的矛盾，以使读到它的人能够从中预见到一种平庸又残酷的现实。我翻开下一页，按照常规页码编排的规律，这一页应该是第七千八百六十二页，也就是百科全书的最后一页，可是，完全超乎我的想象的是，在看似紧贴的封面的纸页中间，还有新的书页，就像凭空出现一样。在这些新出现的页面里（大概是第九万六千页左右），书页上贴着一面菱形的镜子，作者随意地用胶布把它贴在上面，我发现（在夜里，这是无可避免的）这镜子有点儿妖气。此时它在窥探着我。

于是我随手翻开前页，把这面让我不舒服的镜子盖住。这恰巧是第一千零一页，其上的内容再次吸引我的目光。一个进行社会学研究的学派声称"全部职场的历史"已经过去，我们所经历的仅仅是一个无可挽回的过程的模糊记忆或者反映，所以无疑是虚假的，而且是残缺的。还有一个诺斯替学派则断言，我们在此地上班的时候，我们在彼地却在旅行，因此，每一个人就是两个人。

接下来的一段作者笔锋一转，巴尔萨塔竟开始描绘一场酒宴，那是他陪老板饮酒的经历，注释中记录了那是一次无聊的团建。

宴会发生在那幢起初是鲜红色后变成玫瑰色的建筑里，那是老板为了诱惑人，为了更普遍地诱惑来自异乡职员而摆设的纵情的宴席，他们以诡计劝我饮酒，要我忘了我最初的愿望。由于他们的盛情款待，我沉入到深深的醉梦中。职场的生活对于我来说变得像幻觉与梦境，就像夜里的流影与幽灵。我醉了，也可能没醉，因为我感觉到职场仍能狂烈地激起我的恐惧与迷惑，使我的心动荡、破碎、分裂，让我发现自己正是自己噩梦之中的猎物，永远奔逃在某个地方，或者是在突然地追逐，又似乎是卷入了斗殴之中，或挥拳或挨打，坠入万丈深渊……

这一页的最后写道，当我明白沉醉所要压制的正是孤独状态的自我意识之后，我在卫生间的一面镜子中看出了辞职的意图。我把它打碎。因为世界上没有辞职这回事，或者说无论谁写了一封辞职信，即使里面有相同的句子，引用和剽窃也都不存在，因为所有辞职信都不是不同的作者写的，所有辞职信的作者只有一人，辞职的事也只发生在一个人身上。但他不是我。这件事的记录最初发表在《辞职幻想集》第一百期，现除了删去一切比喻，没做其他改动。从那个日子以来，发生了那么多的事情……我只是回忆罢了。

那是这部百科全书的内容第一次从幻想世界闯入真实的世界。一个把我扰乱了的偶然情况，也使我成为辞职事件的第二个实践者。那是几个月之后，在一个加班的夜里发生的。当我从螺旋状楼梯下到底层的走廊，看到一面镜子，在镜子中我仿佛看见了另一个摸不着的我，或许不是一个，他们隐蔽在时间的另外的维度中，忙忙碌碌，形形色色。我抬起眼睛细看时，那层梦魇似的薄雾消散了，黄黑二色的楼梯下只有我一个人，我像塑像似的高大强壮，手里拿着一封辞职信，神态平和。

这时我才明白，原来这部《辞职百科全书》没有结尾，或者说它是无限的。刚才我写下的"无限"那个词并不是出于修辞习惯，我要说的是，就像时间的无限存在一样，事物参与到宇宙的进程中，而结果必然将以辞职收场。而我，也以辞职的行动为这一伟大的历史进程添上了不可磨灭的一笔。

✉ 原作概要

博尔赫斯（1899—1986），阿根廷著名诗人、小说家、散文家兼翻译家，后现代小说的奠基人和主要代表作家之一，有"作家的作家"美誉。在文本形式上，博尔赫斯的小说具有显著的后现代主义风格，如零散化、梦幻化、拼贴、戏仿、作者露迹等，在主题上常涉及"无限""永恒"，似是而非，忽真忽假，幻想糅合现实，营造扑朔迷离的气氛。

✉ 技巧与心得

这封辞职信模仿了博尔赫斯的梦幻化的风格，通过虚构一些在实际中并不存在的物品和名称来达到想象世界和现实世界连接的效果，参考《沙之书》《虚构集》等。

涂鸦艺术

班克斯

style

辞职涂鸦

老板：

　　如您所见，我已离开。

✉ 原作概要

班克斯，生于 1970 年代，英国匿名街头涂鸦艺术家，艺术市场炙手可热的人物。班克斯通过在街头墙壁或设施上喷绘进行创作。

✉ 技巧与心得

这封辞职信模仿了班克斯的主要风格、元素和艺术方法，使用 PS 软件制作。

现实主义

陀思妥耶夫斯基

style

人不单为面包辞职

 **辞职信**

老板：

　　您把我当成块抹布似的逼我干活时，我的心里全是阴暗的思想，我的心苦闷极了。唉，我想："将来我会变成什么样儿，我的命运会怎么样呢？"这真难过啊，我处在这么一种捉摸不定的情况下，我没有前途，我猜不透我会变成什么样。回顾以往的职场生活也是可怕的。以往全是哀伤，我一回想起来，我的心就碎成两半了。我恨损害了我的人，我真想一走了之。……我继续想："不，他们，我的敌人，倒是很乐意让我离开。决不。我偏不走，继续上班到最后，以表示我根本没把他们当回事儿。"

　　我就这么坐在办公室里，心神不定，很不自在。我苦苦思索了三个春秋，为什么我待在这里这么不得劲儿？这个小角落里到底发生了什么？——我呆呆地望着会议桌上的您和同事，使劲儿琢磨作为参加社会劳动的人的主体应该具有的模样。唉，假如您知道我具有怎样的感情和思想，智力上有多么成熟就好了。

"愿意干就干，不愿意干就走。"您这么说的时候，我真想用拳头揍您，啊，不，我不能这么做，我赶紧放下手里的文件夹，担心自己把它扔出去，扔在您脸上——同事们也纷纷放下手里的工具，哦，但愿这些善男信女们心里没有和我一样可怕的想法——也没有想到老板之所以逼我们干活，不是因为聪明，而仅仅是因为他们愚钝、目光短浅而原谅他——这怎么解释呢？是这样：由于愚钝和目光短浅，他们把直接和次要的目的当成最重要的目的，因而他们比别人更迅速、更容易地确信为自己的行动找到了无可争辩的根据，这样就可以心安理得地制定重复的工作内容来奴役员工了。想到这，我真想把桌子拍得啪啪响，打断您正在说的毫无道理的话。

但是我没有。我只写了这封退职申请书。

又及，当我把这封退职申请书送到您公室的时候，我曾设想过无数可能发生的场景。您可能会挽留我。

"小陀，留下吧，公司需要你。"

"小陀，下个月涨工资。"

您甚至会挺激动，也有可能激动得难以抑止，跪下来吻我的脚："小陀，不要走，你具有的崇高的智慧不但是公司需要的，也正是人类所需要的，你可以做任何你想做的事，按照你的意愿，想干什么干什么，我来发工资就可以了，让我们共同做一些了不起的坏事，最后为了善也不要紧。总之，你配得上我的友谊。"

或者，与这些刚好相反，您早就看我不顺眼了。您怒斥我——当然这是以前没有过的，但谁也不敢保证这不会发生——您怒斥我，而我绝对不会善罢甘休！要去哪里找一把决斗用的手枪呢？看来是找不到了，剑也没有，我在兜里放了一把戒尺，估摸着必要的时候准得用上。

我来到您办公室，一如往常，桌子椅子都放得好好的，东西都规规矩矩，桌面一尘不染，看来有人打扫过。可是，您不在。

好吧，我把申请书放在桌子上了。我为什么要说这些呢，又有什么用呢。唉，我走了。就这样吧。

✉️ 原作概要

陀思妥耶夫斯基（1821—1881），享誉世界的俄罗斯著名文学家、小说家。在风格方面，陀思妥耶夫斯基擅长进行深入、多层次的心理描写，被称为"复调小说艺术"。

✉️ 技巧与心得

这封辞职信模仿了陀思妥耶夫斯基语言中例如"句中使用插入语"等在进行心理描写时的技巧，突出了多层次心理意识（内心戏十足）的特点，主要模仿了《地下室手记》。

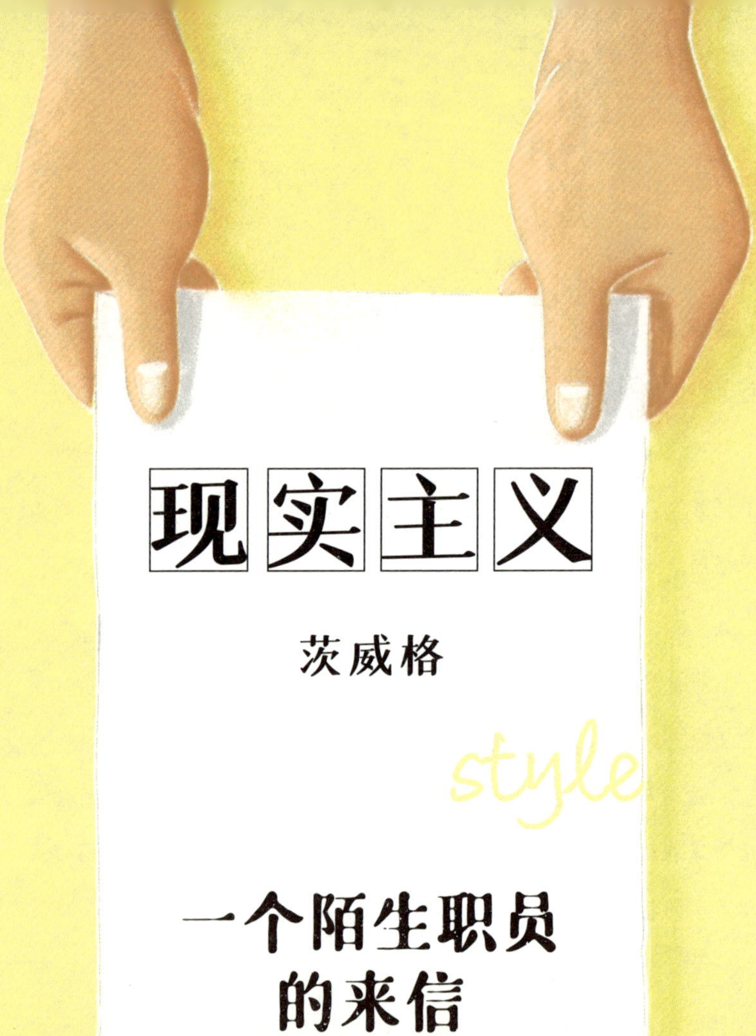
现实主义
茨威格
style
一个陌生职员
的来信

 **辞职信**

你，从来都没认识过我的你。

我的身体陷入了极度的痛苦之中，本来是打算这周一正常上班的……星期天晚上我支撑着坐起来，可是终于累垮了，甚至连眼睛都睁不开，在意识到这一点时，我已经在这张坚硬的床垫上昏沉地坐了三个小时，就在我感觉到我瘦弱的身躯再也承受不了那个职场的折磨之后，我挣扎起身，从床头翻出信纸，开始写这封辞职信。我捧着这张纸，在意识的最后时刻，我感到心灵再次受到莫大的慰藉，之后便再次昏迷过去，什么也不记得了。

星期一上午醒来后，我从租住房间的小小透气孔望向外面的天空，不安的云浮动着渗进来，呼吸中有一种又甜又苦的味道。睡眠让我的意识恢复到能认清事物的状态，片刻之后，我想起那封信，我爬起身，坚持继续写下去。

老板，在你读到这封信的时候，恐怕很难与我感同身受，也许你终究什么也不会懂。你坐拥产业，此时你可能在忙着什么业务，或找什么乐子，总之，对我的情况你全然不知。可是我，在我写下这封辞职信的时候，我感到我什么也没有了，没有梦想，没有爱，没有健康，甚至连一份工作也没有了。

我坐在欧罗巴①死去的床垫上给你写这封辞职信，因为我无法孤独地面对梦想的崩塌，我的灵魂必须大声呐喊。在这个令我恐惧的时刻，如果不是对你，我还能对谁敞开心扉呢？你曾经是我的依靠，是我抵达梦想的路桥，是我的所有，是我梦想中的将来的一切希望！或许我无法清楚地向你解释这一切，或许你根本理解不了我说的话——现在我头昏昏沉沉的，太阳穴在抽搐，就像被键盘按钮下的金属触点锤击一样，我觉得我是发烧了，也可能患了很严重的流行病，病毒正在一家一户地蔓延着。这样也不错，这样我就可以和欧罗巴一起离开这个世界，就不会再忍受任何病痛了。我的眼前一阵一阵地发黑，或许我没法写完这封辞职信——但我会竭尽全力，希望这次，也只有这一次，我在离职的最后一刻，能向你吐露心扉。

这么说也许会让你感到一丝受宠若惊的惊讶，或者你已经习惯心满意足地领受一位普通员工对你的"表白"，但不管怎么说，请

---

① 欧罗巴：欧洲的古称，被茨威格视为梦想之地。

你不要害怕，也请你相信一位在欧罗巴已经死去的人的最后清醒时刻所说的一切，这也是我的请求，一个普通员工，在他已经决定离开这家公司的时刻，是不会撒谎的。

　　我想向你讲述我的职场生涯。我生命中这一段重要的时光是从入职那一天才真正开始，在此之前的生命是混沌而杂乱的，那只是一间阴暗发霉的多人宿舍，里面满是灰尘和交错的蜘蛛网覆盖着的、死气沉沉的教科书，我对它们毫无兴趣。在这家公司入职的时候我已经二十七岁了。你肯定不记得我，事先也一定没了解过我的信息，因为对你而言还有一大帮兢兢业业的 HR 员工在忙这种小事。但是，在你进入我的生活之前，你头顶的光环、你的富有、新奇、带有一丝神秘的氛围就已经抢先进了我的心里。就像梦中的场景一样，我还记得从公司大铁门通往那办公室路上的每一个细节，我调整呼吸，慢慢走过去，像是延续了整个生命那么长的漫步后就进入了魔法阿拉丁的世界，那张劳动合同便是通往欧罗巴世界的门票。你可以想象我是怎样千百次用炙热的目光盯着那张薄薄的纸，你或许能感受到——但也许只是感受到，你永远无法完全知道，我的爱——这张薄薄的纸从我的生命中带走了什么。三年过去了，你没有认出我，即使那一天在公司一楼的走廊上，我与你迎面走过，你脸庞上机械化的微笑和点头示意都明显地宣告——你还没有认识我！不要误解，我不是埋怨你！你并没有引诱我或者欺骗我——是我自己自愿凑到职场中来的，扑进办公室的怀里，一头栽进我的命运。

我当然不会抱怨，只想对你说说话，可是，为什么又谈起这些事？一个孤独的年轻人内心那疯狂的、自暴自弃、悲剧性的、绝望的狂热，为什么要对一个不认识他、对自己一无所知的大老板谈起呢？我知道所有人都不会说出心里话，因为如果长大了，他一定就明白即使最宝贵的东西一经吐露也会被这粗鄙的世界消磨掉棱角。所以他们就假装一种对命运一无所知的态度走进那片被称为生活的深渊，成为一个真正的智者，而我却傻到说出它。

我要辞职了。可是，你不认识我。说起来，这三年里，你到底是我的什么人呢？你从来都没有认出过我，宣传部、业务部、财务部等部门的其他人也会把我忘得干干净净，我一去不复返，又变成孤零零的一个。你所拥有的我一无所有。没有财富，没有一行字，没有一丝回忆。要是有人提起我的名字，你也一定会像陌生人似的，只是听听罢了。既然我对你本来就像死了一样，我又何必不远远走开呢？

感谢你……永别了……

✉ 原作概要

  茨威格（1881—1942），奥地利小说家、诗人、剧作家、传记作家。茨威格的小说属于现实主义又非传统的现实主义，即在传统现实主义的基础上，汲取现代写作观念和弗洛伊德的精神分析法，深入人的意识和潜意识，深刻透视人物内心世界的隐秘情感的创作方法，也被称为"心理现实主义"。短篇小说《一个陌生女人的来信》即很好地体现了这种表现方式。

✉ 技巧与心得

  这封辞职信主要模仿小说《一个陌生女人的来信》中重点刻画心理真实的表达和充满浓烈的感情的表述方式。

表现主义

蒙克

style

辞职呐喊

✉ 原作概要

蒙克（1863—1944），挪威艺术家，表现主义（二十世纪流行于欧洲的文学和艺术流派。着重表现人的内心感情，往往忽视对具体形象的摹写，常使用对现实的扭曲和抽象化的表现形式）绘画的先驱。

✉ 技巧与心得

这封辞职信模仿了蒙克著名的《呐喊》，使用 procreate 软件绘制。

箴言体

拉罗什福科

style

辞职箴言录

 **辞职信**

老板：

我思考辞职期间摘录格言如下——

世界上每天都有无数人辞职，然而仍旧有很多人怀着永远不会失业的态度工作下去。

*

铭记辞职将有助于工作。

*

打工？任何一个巴里摩尔族人都绝不允许这么没有创意的事情发生在自己身上。

*

那些在职场中遭受折磨的人们，有时会装出一种坚定的态度来蔑视辞职，事实上这种坚定只是害怕辞职。这就使人们能够说他们的坚定属于他们的精神，就像遮眼布属于他们的眼睛。

*

在他辞职的那一刻，点燃着一支蜡烛，在这烛光下他曾读过一本充满了焦虑、欺骗、苦涩和罪恶的职场的书，此刻这蜡烛爆发出比以往任何时候都明亮的光，把以前隐没在黑暗中的一切都照亮给他看，他便这样离开了职场。

*

我有权好奇，我从未辞过职。现在我知道了，很好！

*

辞职信是世界上最神奇的东西，它可以向你描述辞职是一件多么令人愉快的事情。

*

我不知道哪一样更难做到，是好好上班还是好好辞职。

*

我更愿意继续上班，但我也不畏惧辞职。

*

三十六计，走为上计。

*

再见吧，我的朋友……这职场，辞职并不新鲜。当然，上班也没有什么新意。

＊

人生在世，心要找到让它栖息的地方，否则，即使上班也是一种流浪。

＊

我们所已知的是鸡毛蒜皮，未知的则是无垠疆野。我的生命如此辽阔，以至于不能仅仅把它献给职场。

＊

一个国王应该站着辞职。

＊

我应该早点辞职，我太累了。现在感觉好多了。

＊

真烦人，写什么辞职信？滚开，只有还没对老板啰唆够的人才会写那玩意儿。

＊

不管职场人怎样夸耀自己的成就，它们常常只是机遇的产物，并非一个伟大意向的结果。除了辞职。

＊

幸福的辞职都是相似的，不幸的辞职则各有各的不幸。

＊

告别老东家，只爱陌生人。

*

满地都是六便士，他却看到了辞职。

*

工作过，爱过，辞职过。

*

辞职本不是路，走的人多了，也不是、但常是路的开始。

*

职场是一个工厂，职位是机器，当机器坏掉时……我早已做好了准备。

*

熄灭吧，这小小的烛光……

✉ 原作概要

拉罗什福科（1613—1680），法国箴言作家，著有《道德箴言录》。拉罗什福科使用箴言体进行写作，其语言风格高度简练、短小精悍。

✉ 技巧与心得

这封辞职信模仿了《道德箴言录》中箴言体的风格。